La Familia que Crees, Creas.

Lucía Barrios.

ISBN: 978-1-972189-01-6
Borderland Studies Publishing House

DEDICATORIA

A mis hijos, a quienes —sin saberlo— fueron parte de este hermoso experimento de convertirme en madre. Ellos han sido, son y serán siempre mi mayor inspiración para crecer como madre, como psicóloga y como mujer. Desde el momento en que le pedí a Dios que me concediera el regalo de tenerlos, asumí el compromiso profundo de criar una generación diferente: libre, serena y feliz.

Hoy, después de 20 años, los miro con ternura y gratitud, y sé, con paz en el alma, que se ha hecho un buen trabajo.

A Irving, el padre de mis hijos. Porque, sin duda, dos cabezas piensan mejor que una. Aunque hoy nuestros caminos como pareja tomaron rumbos distintos, como padres seguimos caminando juntos, disfrutando de nuestros hijos… y pronto, de nuestros nietos y de muchas bendiciones más que nos esperan en esta vida.

A mis padres, Agustín Barrios y Martha Vázquez, quienes —consciente o inconscientemente— sembraron en mí las semillas que me formaron como la mujer que hoy guía a otros hacia una vida familiar más amorosa, consciente y plena. Gracias por ser parte de la raíz que me sostiene.

A mi maestra Paty Rojas, por ser inspiración, guía y cimiento en mi camino profesional. Por haber sido parte esencial en la formación y teoría que nutre estas páginas. Gracias por impulsarme siempre a crecer, con cariño, sabiduría y firmeza.

A mi maestro Francisco Ramírez Arballo, quien fue mi asesor incansable, leyendo una y otra vez cada párrafo, cada capítulo, cada teoría. Gracias por acompañarme en este sueño, por complementar, por quitar lo innecesario, por enriquecerlo todo. Tu guía ha sido fundamental para que este libro esté tan nutrido, tan completo, tan lleno de sentido.

Y por supuesto, a mi Dios, el creador de todas las cosas. De mi deseo de ser madre. De mis hijos. De mi corazón que ama, guía y acompaña. De mi vocación como psicóloga. De mi propósito de vida.

Gracias, Señor, por moldearme con tus manos, por hacerme fuerte en mis caídas y generosa en mis logros. Todo lo que soy, todo lo que he escrito, todo lo que he vivido… nace de Ti.

Este libro es un testimonio de amor: a la familia, a la vida, a la sanación y a los caminos que se construyen con fe, con entrega y con esperanza.

Con todo mi corazón, **Lucía.**

CONTENIDO

PRÓLOGO

Me complace profundamente la invitación, que me hace la autora, para escribir el prólogo de su trabajo investigativo y acepto el compromiso de reseñar los aspectos relevantes de su trabajo sobre las familias, su formación y la crianza cotidiana de la vida de un niño

Hay tantas descripciones de familia como teóricos y autores se han dedicado a escribir sobre este tema, Andolfi M 1984 define la familia como un conjunto organizado e interdependiente de unidades ligadas entre sí, por reglas de comportamiento y por funciones dinámicas en constante interacción entre si y en intercambio permanente con el exterior, dejando ver en su descripción la conexión entre manifestaciones y sistemas, observando la estructura familiar, que es el conjunto de demandas funcionales que organizan los modos en que interactúan los miembros de la familia, S. Minuchin 1967

Este trabajo es un delicioso viaje por la propuesta que hace la autora Lucía, sobre el propósito de proporcionar una opción y un espacio de desarrollo psicológico sano, de la vida en familia a través de orientar y formar primero a los padres

En alguna ocasión les mencione a mis alumnos de la carrera de psicología cuando el tema era referente a familias. Hable desde su experticidad, porque sea cual sea el tiempo que hemos vivido y convivido en una familia, son años de experiencia acumulados. Eso te hace experto en su constitución, estructura y roles; vivencia desde su lugar de nacimiento, como lo menciona Alder en sus trabajos, pues desde su visión, en los comportamientos del niño influye el número de nacimiento que es y en la interacción e interrelación que se da con las personas que formen el núcleo familiar o sea atribuciones y comportamientos diferentes, dependiendo del número de nacimiento

En este trabajo la autora Lucía hace énfasis en varios autores y sus aportaciones sobre la familia como son Virginia Satir y Salvador Minuchin, máximos representantes de las escuelas Americana de la Joya y Argentina respectivamente, además de nutrirse de autores como Carl Jung, Erick Erikson, Erick Fromm, Diane Papalia, Jhon Pinel, Daniel Goleman, James Fadiman, Julian de Ajuariaguerra, entre otros.

La propuesta que la autora hace en esta guía de trabajo aborda temas básicos en la primera parte, tocando temáticas desde la concepción, nacimiento momentos de vinculo y dialogo tónico, crianza, dirección y educación de una manera tan nutricia que permite a cada paso, dar un si comprometido al quehacer de ser padres, a cómo enfrentar conflictos, fortalecimiento de las relaciones filiales, llamándolo, formando una familia, creando lo que crees, amando porque lo conoces, conectando con el pensamiento, emociones familiares y es mejor en familia esto forma los capítulos del uno al cinco. Así prepara terreno para que el cambio se presente, hacer distinto, dejar de hacer y, amar y conservar lo que tiene. En una segunda parte presenta, elementos claves para reconstruir, reconocer, remplazar formas antiguas de comportamiento para obtener lazos fuertes de unión desde dentro y fuera del contexto familiar a través de los capítulos del seis a diez. Hasta llegar a como la cercanía y comunicación permite a los padres hablar de adicciones, de adecuada vida sexual y evitar conductas autodestructivas en los capítulos once y doce.

Así de una manera ágil y experiencial, vía ejercicios propuestos, los padres se orienten hacia un nuevo significado encontrando en ello la belleza, dulzura y confianza que da la propia experiencia y seguridad al guiar a otros, conociéndolos y amándolos y amándose cada día más

Este trabajo significa una importante contribución al manejo y formación de los niños desde la experiencia formativa primero como padres, leer y disfrutar esta guía me llevo a escribir un poema como contribución al tema que les comparto en seguida:

ASÍ
Poco a poco caminaré
Y haré mi camino
Bajo el dorado sol
Y el plateado de la luna

Abrazo a mis hijos
Grandes o pequeños
Con gran gusto ver Lo que el viento Hace bajo sus alas

Su avance disfrutaré
Mi familia, mía, de mi Conmigo, para mi

La familia que yo ayude a construir
En la que he invertido
Mi esencia, mi semilla
Y frutos cosecharé

Y así
Poco a poco caminaré
Y haré mi camino Bajo el dorado sol
Y el plateado de la luna

Patricia Rojas Roman 2016

Lucía Barrios es psicóloga, especialista en terapia breve y en hipnosis ericksoniana, con una sólida trayectoria en el acompañamiento terapéutico de individuos y familias.

Es fundadora y directora de CEFAMPI (Centro Familiar Psicológico), espacio desde el cual ha desarrollado e implementado modelos de intervención enfocados en la salud emocional, la dinámica familiar y la construcción de vínculos más sanos y conscientes. A través de su labor clínica, programas comunitarios, talleres y foros, ha impactado la vida de miles de personas, consolidándose como una referente en el trabajo psicoterapéutico con familias.

Su enfoque integra herramientas de la psicología contemporánea con una visión profunda del ser humano, permitiéndole abordar los conflictos familiares desde su raíz emocional, promoviendo procesos de cambio reales y sostenibles.

El contenido de La familia que crees, creas se sustenta en una investigación aplicada, en la que se trabajó directamente con 16 familias, quienes llevaron a la práctica los principios y herramientas propuestas en este libro. Durante el proceso, se evaluaron cambios a nivel cognitivo, emocional y conductual, observando mejoras significativas en la dinámica familiar, fortalecimiento de los vínculos y transformación positiva en sus formas de interacción.

Además de su práctica clínica, Lucía participa activamente en iniciativas sociales, empresariales y comunitarias, impulsando la educación emocional como eje fundamental para el desarrollo personal y la transformación social.

Madre, hija y mujer en constante evolución, escribe desde la experiencia profesional y la sensibilidad humana, convencida de que la familia es el núcleo donde se construyen —o se transforman— las historias de vida.

La familia que crees, creas es una invitación a mirar hacia adentro para reconstruir, fortalecer y resignificar los vínculos que nos definen.

INTRODUCCIÓN

En una ocasión escuché la historia de un padre que, por necesidad económica, tuvo que tomar dos trabajos para poder sostener a su familia. Su jornada empezaba antes del amanecer y terminaba muy entrada la noche. No había espacio para convivir con sus hijos. Aunque vivían bajo el mismo techo, no compartían vida... simplemente no se veían.

Esta situación le dolía profundamente. Pensó en renunciar a uno de sus empleos, pero sabía que, si lo hacía, no habría suficiente comida sobre la mesa. Entonces, tras mucho meditarlo, encontró una manera de hacerse presente en la vida de sus hijos, aun en su ausencia. Cada noche, al llegar a casa, se acercaba a sus camas, los cubría de besos y hacía un pequeño nudo en la sábana con la que los arropaba. Así, cuando los niños despertaban y veían ese nudo, sabían que su papá había estado ahí... amándolos.

Ese pequeño gran gesto cambió todo. Se hizo presente a pesar de la distancia. Su amor encontró la forma de llegar.

Esta historia me llevó a reflexionar sobre lo contrario:

¿Cuántos de nosotros, madres y padres, estamos físicamente presentes, pero emocionalmente ausentes?

Hoy en día, muchísimos hijos se sienten invisibles dentro de sus propios hogares. Nosotros, los padres, hemos centrado nuestra atención en proveer, pero no en estar. En dar cosas, pero no en dar vida. A veces confundimos lo "mejor" con lo material: los tenis de marca, una casa más grande, el celular de última generación, juguetes inteligentes, o la escuela más costosa. Pero lo que de verdad deja huella no se puede comprar: atención, tiempo, escucha, cuidado, presencia… y amor.

Ser padres nos confronta. Es una tarea ardua, constante, sin horarios, sin días de descanso, sin salario y muchas veces, sin reconocimiento. En la escuela rara vez nos llaman para felicitarnos por un hijo amoroso o responsable; generalmente nos llaman cuando algo va mal. La sociedad suele señalar nuestros errores más que aplaudir nuestros aciertos.

Nadie está completamente preparado para ser padre o madre. No hay manual perfecto. Y, sin embargo, cada día nos levantamos y asumimos ese papel con lo que tenemos, con lo que sabemos, con lo que sentimos. Afortunadamente, hoy contamos con herramientas poderosas: la ciencia, la psicología, la experiencia colectiva. Podemos apoyarnos en ellas para criar hijos sanos, emocionalmente fuertes, socialmente conscientes, y con un desarrollo integral.

Porque lo que hagamos hoy como padres… **resonará en la eternidad.**

Nuestra forma de amar, de hablar, de mirar, de cuidar, tendrá un eco que alcanzará a nuestros nietos, y a los hijos de ellos también. Por eso es urgente despertar a la grandeza de nuestra misión. Todos llevamos una historia como hijos, algunas llenas de ternura, otras marcadas por heridas. Pero todos también tenemos el poder de escribir una nueva historia, una donde el amor sea el eje central.

Este libro es mucho más que un manual. Es un llamado al corazón de quienes crían. Es una invitación a sanar, para poder sembrar. A estar presentes, para que nuestros hijos no solo crezcan, sino que se sientan profundamente amados.

La familia que queremos se cree en la mente, y se crea con las palabras y las acciones.

Te invito a abrir el corazón, dejarte tocar por estas páginas, y permitir que algo dentro de ti cambie para siempre. Porque una familia transformada empieza por un padre o una madre que decide amar con conciencia.

"Si las personas son buenas únicamente cuando sus deseos fundamentales de afecto y seguridad son satisfechos, démosles afecto y seguridad... y darán afecto, y se sentirán seguras respecto a sus sentimientos y su conducta."

—Abraham Maslow .

CAPÍTULO 1

La familia se construye con el pensamiento: lo que crees, creas

"Cuida tus pensamientos porque se convierten en palabras. Cuida tus palabras porque se convierten en acciones. Cuida tus acciones porque se convierten en hábitos. Cuida tus hábitos porque se convierten en tu carácter. Y cuida tu carácter porque se convierte en tu destino. Nos convertimos en lo que pensamos."

— Mahatma Gandhi

Formando una familia

Todo comienza el día en que, enamorados, decidimos compartir una parte de nosotros con otra persona. Ese instante mágico en el que nos entregamos por amor, deseo o convicción, y dos fuerzas creadoras se unen para dar paso al milagro de la vida. Cuando ofrecemos la semilla —el óvulo o el espermatozoide— transmitimos una parte íntima de nuestro ser. Así, en nuestros hijos, se extiende nuestro "yo". Somos parte de ellos.

Al confirmar un embarazo, se inicia una transformación total: física, emocional, psicológica, económica y social. Cada persona vive este proceso a su manera. La madre lo experimenta desde adentro; su cuerpo cambia, su alma se expande. Durante nueve meses la energía creadora habita en su vientre, conectándola profundamente con su hijo. El padre, en cambio, lo vive desde fuera. Su conexión, en muchos casos, se fortalece cuando ve a su hijo por primera vez y lo sostiene entre sus brazos.

Recuerdo a un papá que me contaba entre risas que, cuando nació su hijo, no sintió el golpe de realidad hasta que tuvo que

comprar los primeros pañales. "Ahí supe —me dijo— que ya era papá de verdad". Así de distintos son los caminos emocionales que recorren la madre y el padre. Por eso, incluso la ley, en casos de separación, suele otorgar la custodia a la madre: se reconoce que su conexión suele ser más temprana e intensa.

Tener un hijo también cambia la dinámica de pareja. Las desveladas, la demanda constante de atención y los nuevos retos económicos pueden desgastar la relación. Surgen roces, discusiones, tensiones que antes no existían. Desde la gestación comienza el gasto: exámenes, citas médicas, vitaminas, ultrasonidos, el parto, el hospital, la ropa, los pañales… y la lista sigue y sigue. La vida cambia y, casi sin darnos cuenta, ya somos mamá y papá.

Ser padres no es una tarea sencilla. Exige valor, entrega, constancia y compromiso. Es un contrato silencioso que firmamos el día que dimos la semilla de vida, y que no tiene fecha de vencimiento. Sólo nosotros podemos cumplirlo.

Educando a los hijos

Ser padres no da sueldo, vacaciones ni reconocimientos públicos. Pero hay recompensas invisibl es que lo hacen invaluable: una sonrisa, un abrazo, un "te quiero", una mirada de orgullo o una palabra bonita sobre ellos dicha por alguien más. Esos momentos nos llenan el alma. Como me decía una madre cuando le hablaron bien de su hija: *"Sentí que mis plumas se abrían como las de un pavo real"*.

Y es que cuando nos elogian por la crianza de nuestros hijos, sentimos que lo estamos haciendo bien. En contraste, cuando alguien nos señala algo negativo sobre ellos, nos invade la culpa, la vergüenza, la inseguridad. A veces, incluso, descargamos el enojo en los niños sin darnos cuenta, más por lo que "los demás piensen" que por el hecho en sí.

La verdad es que todos, absolutamente todos, cometemos errores. No existen padres perfectos, pero sí los que lo intentan con todo su ser. Y eso hace una gran diferencia. Recuerdo a una madre de cuatro hijos que me dijo: *"A veces me pregunto si lo estoy haciendo bien"*. Solo el hecho de preguntárselo ya la convierte en una madre consciente, presente, responsable.

Educar es nuestra responsabilidad

A menudo, cuando hablamos de educación, pensamos solo en la escuela. Pero la educación de verdad —la que moldea valores, carácter, emociones— comienza en casa. Antes se creía que era tarea del maestro. Incluso se le autorizaba a usar castigos físicos "por el bien del niño". Hoy sabemos que eso es inaceptable y que la responsabilidad principal es de mamá y papá.

La escuela les enseñará cómo funciona el aparato reproductor, pero no les hablará de amor, entrega ni responsabilidad. Eso te toca a ti. A un hijo lo puedes cambiar tres veces de escuela... pero padres solo hay unos. Y tú serás el suyo toda la vida.

Una madre, mientras enseñaba a su hijo a amarrarse las agujetas, se detuvo un instante abrumada: *"¿De verdad tengo que enseñarle todo?"* Sí. Desde cómo dormir, comer, caminar, hablar, hasta cómo amar. Los hijos lo aprenden todo de ti: con tus gestos, tus palabras, tus silencios. Imitan tu caminar, tu voz, tu forma de responder. ¿Nunca has visto a un padre y su hijo adolescente caminar igual? Ahí está la prueba. Es una de nuestras mayores satisfacciones: cuando alguien dice "¡es igualito a ti!"

La maravilla (y la misión) de ser padres

No hay hechizo que convierta a un niño en adulto responsable. Pero sí existe un camino: el amor, la constancia, la intención... y el ejemplo.

Para lograrlo, hace falta dirección. Toda familia, como una empresa, necesita una misión (¿por qué hacemos lo que hacemos?) y una visión (¿a dónde queremos llegar?). Si no sabemos hacia dónde vamos, difícilmente sabremos si llegamos.

Pregúntate:

¿Cómo quiero que sean mis hijos?

¿Qué valores quiero formar?

¿Serán líderes, deportistas, artistas, emprendedores?

¿Respetarán, amarán, decidirán bien?

Tu familia es un barco en movimiento. Y tú eres el capitán.

No siempre sabremos qué hacer (y está bien)

Ningún padre nace sabiendo. Pero hoy, más que nunca, tenemos herramientas a la mano. La tecnología nos da acceso a conocimientos que antes eran impensables. Eso sí, debemos tener criterio para saber qué es útil y qué no.

Nuestros hijos viven en otro tiempo. No podemos criarlos con las mismas fórmulas que funcionaron hace 30 años. Necesitamos informarnos, actualizarnos y acompañarlos en su mundo. Porque si educamos desde la ignorancia, tarde o temprano pagaremos las consecuencias.

Como dice el proverbio: *"En la multitud de consejeros hay sabiduría."*

El poder de las palabras

La fe se siembra en el corazón… pero crece por lo que se oye. Y tus hijos te están escuchando.

Lo que tú digas sobre ellos puede convertirse en su realidad. Si les dices que son inteligentes, capaces, valiosos, ellos lo creerán. Si los llamas torpes, irresponsables o problemáticos… también lo creerán.

Una madre que profetiza desgracia —"vas a salir embarazada a los quince"— crea un destino con sus palabras. Y cuando ocurre, lanza un "¡te lo dije!" sin entender que **ella misma lo dijo.**

Cambia el discurso. Habla bien de tus hijos. En público y en privado. Un día, cuando estés platicando con alguien, y tu hijo pase cerca, suelta una frase positiva como si no notaras su presencia. Verás cómo se le ilumina el rostro. Eso es empoderar. Eso es amar con palabras.

Intención sin acción es simulación

La fe sin acción no sirve. Lo que pienses, dilo. Lo que digas, hazlo. Y hazlo todos los días.

Cambia tu forma de pensar, de hablar, de actuar. Respeta, juega, escucha, abraza. Que tus acciones sean dignas de imitar. Porque tus hijos no aprenden lo que les dices… aprenden lo que haces.

¿Recuerdas cómo aprendiste a lavar la ropa blanca? ¿Fue como lo hacía tu madre? ¿Le diste un giro para mejorar el resultado? Así es la vida: aprendemos, adaptamos y transmitimos. Educar es exactamente eso. Un legado que se afina generación tras generación.

Tómate un momento y busca el video: "Los niños ven, los niños hacen" en YouTube. Te dejará reflexionando profundamente.

Actividad

Escribe la **misión y visión** de tu familia.

¿Qué sueños tienes para tus hijos?

En una hoja, haz un cuadro:

- Nombre de tu hijo/a
- Meta que deseas alcanzar
- Objetivos específicos para lograrla

Hazlo sin miedo, como si tuvieras al genio de la lámpara frente a ti. Al terminar, léelo en voz alta y colócalo en un lugar visible.

Compromiso personal

Firma este compromiso contigo mismo. Porque hoy eliges ser un mejor padre, una mejor madre. Y tus hijos… lo notarán.

Ciudad: ____________, a ____ de ________ de _______.

Yo, ____________, decido hoy convertirme en un mejor padre/madre.

Acepto la responsabilidad de amar, proteger y educar a mis hijos:

____

Me comprometo a instruirme y crecer. A ser un modelo digno.

Yo soy cambio. Yo soy voluntad. Yo soy un buen padre/madre.

Firma: ________________

Testigo 1: _____________ Testigo 2: ______________

CAPÍTULO 2

Solo se ama lo que se conoce

"Solo se combate por lo que se ama, solo se ama lo que se estima, y para estimar, es necesario al menos conocer."
—Cita atribuida a Adolfo Hitler

Cuando nos enamoramos, lo primero que queremos es conocer al otro. Nos fascina descubrir lo que piensa, lo que sueña, lo que anhela. Escuchamos su pasado con curiosidad, su presente con atención, y su futuro con ilusión. Queremos conocer sus gustos para complacerlos, sus miedos para calmarlos, y sus aspiraciones para ayudarlos a cumplirlas. Nos sentimos atraídos y deseamos estar cerca.

Así también, cuando nuestros hijos son pequeños, viven enamorados de nosotros. Nos miran como héroes, como modelos. Quieren vestirse como papá, pintarse como mamá, usar nuestros zapatos, hablar como nosotros. Nos idealizan. Nos observan.

Y del otro lado, **conocer a nuestros hijos es el punto de partida para amarlos verdaderamente**. Conocer no solo lo que hacen, sino cómo son. No basta con verlos crecer, hay que entrar en su mundo: descubrir sus gustos, sus temores, sus dones, su esencia.

Cada hijo es único. Hasta en la misma familia, con la misma crianza, surgen personalidades distintas. Juana, por ejemplo, tiene dos hijos: Mariano, de cuatro años, es tímido, reservado. En presencia de extraños se esconde detrás de papá y rompe en llanto si se siente invadido. Solo después de tiempo y confianza se abre. Karla, su hermana de dos años, en cambio, es un torbellino de alegría. Se lanza a los brazos de todos, sonríe, coquetea con la vida. Dos hijos. Dos mundos.

Nos parecemos, pero no somos iguales

La personalidad es ese conjunto de rasgos que nos hacen únicos. Se refleja en cómo caminamos, cómo hablamos, cómo enfrentamos los retos. Desde lejos puedes identificar a tu hijo por su silueta, su paso, su energía. Porque los hijos se parecen a nosotros, sí. Físicamente, en gestos, en tono de voz, en el carácter. Pero no son nosotros. **Son semillas con nuestra esencia, pero con su propio destino.**

Parte de lo que les heredamos se encuentra en su **temperamento** —el cual viene desde la genética— y otra parte se forma a través del ambiente en el que crecen, es decir, su **carácter**.

Temperamento: la herencia invisible

El temperamento es la manera natural en la que una persona responde a la vida. Todos nacemos con uno, o con una mezcla predominante. No se puede cambiar, pero sí se puede educar. Conocer el temperamento de tu hijo es como tener el mapa de su alma. Te permite guiarlo con amor y sin violencia.

Los cuatro temperamentos que propone la teoría clásica son:

- **Sanguíneo**: extrovertido, expresivo, encantador. Ama socializar, contagia alegría, se emociona con facilidad. Pero también puede ser inconstante, exagerado o distraído.

- **Colérico**: líder nato, determinado, productivo, enfocado en metas. Pero tiende al control, la impulsividad y la rigidez emocional.

- **Melancólico**: introspectivo, analítico, sensible. Ama la belleza, se sacrifica por los demás, piensa profundamente. Sin embargo, puede caer en el aislamiento, la crítica y la tristeza.

- **Flemático**: pacífico, tranquilo, diplomático. Ríe fácil, evita conflictos, es estable. Pero puede ser indeciso, pasivo, e indiferente ante el cambio.

Ningún temperamento es mejor que otro. Todos tienen fortalezas y áreas por trabajar. **Lo importante es identificarlos para poder acompañarlos desde lo que cada uno necesita.**

"Te pareces tanto a mí..."

A veces, el hijo con el que más chocamos es el que más se nos parece. Dos coléricos pueden entrar en guerra. Dos melancólicos pueden herirse en silencio. No es casualidad. Es un espejo. Y al reconocerlo, en lugar de pelear, podemos comprendernos.

Conocer el temperamento de nuestros hijos también nos permite proyectar metas más realistas: a una niña sanguínea probablemente le encantará bailar, mientras que una melancólica encontrará su refugio en el arte.

Conocer es amar. Comprender es liberar.

Reflexión

El conocimiento te da poder. Busca el video *"Teoría de los cuatro temperamentos"* en YouTube. Después, escribe en una hoja cuál crees que es el temperamento tuyo, de tu pareja y de tus hijos. Anota fortalezas y debilidades. Observa similitudes y diferencias.

¿Con quién te cuesta más? ¿Con quién fluyes mejor? Te sorprenderá ver cuántos reflejos de ti habitan en ellos.

El carácter se forma en casa

El carácter es lo que moldea al temperamento. Y se forma en la vida cotidiana. En cómo se solucionan los conflictos, en cómo se expresa el enojo, en cómo se reacciona ante los errores.

Un niño colérico puede aprender a gritar y golpear si eso es lo que ve cuando papá o mamá se enojan. O puede aprender a respirar, pensar y resolver, si eso es lo que observa. **No educamos con lo que decimos, educamos con lo que somos.**

Albert Bandura, psicólogo, lo demostró con su famoso experimento del muñeco Bobo. A un grupo de niños les mostraron a un adulto golpeando un muñeco inflable. Luego, los niños imitaron exactamente ese comportamiento, incluso con más agresividad. Porque eso hacemos los humanos: **repetimos lo que vemos.**

Los hijos **nos observan siempre**. Por eso, si quieres que tu hijo no diga "tonto", empieza por dejar de decirlo tú. Si quieres que lave su plato, hazlo tú primero. **Somos su primer modelo de vida.**

Haz que el mundo se mueva

Hay niños que crecen sin pertenecer a nada. Como la hija de Susana, una mujer que contaba cómo dejaba a su hija de 9 años en la guardería desde las 6 de la mañana y la recogía dormida, ya de noche. "Yo no nací para ser mamá", decía. "Prefiero pagar para que otros la eduquen".

Esa historia, aunque dura, es real. Y nos confronta. No siempre se trata de carencia económica; a veces es desconexión emocional. Sabemos que hay madres y padres que deben trabajar duro para sobrevivir. Eso es entendible. Pero **no podemos ceder la educación emocional y espiritual de nuestros hijos a otros.**

Ni a la televisión, ni a los vecinos, ni a la nana. Si tú no estás, alguien más ocupará ese lugar en su corazón.

Estar presentes no es solo cuestión de tiempo, sino de intención. Escuchar. Mirar. Preguntar. Conocer. Contarles quiénes somos y dejar que nos cuenten quiénes son. Así se construye el vínculo. Y el vínculo es lo que sostiene a un hijo cuando la vida lo sacude.

Puntos a considerar

- Los hijos heredan un temperamento que influye en cómo enfrentan la vida.
- El carácter se forma a través del ambiente. Y tú eres el principal formador.
- La personalidad se moldea día a día con tu ejemplo.
- Solo se ama lo que se conoce. Y solo se educa lo que se comprende.

Actividad emocional

Busca un lugar tranquilo. Ponte unos audífonos y escucha la canción *"Esos locos bajitos"* de Joan Manuel Serrat. Hazlo tres veces:

1. Escucha con atención la letra. (primera vez)

2. Toma en tu mano derecha un objeto muy tuyo (llaves, reloj, anillo) cierra los ojos y vuelve a escucharla. (segunda vez)

3. Ahora, déjate llevar. Vuelve a escuchar la canción.Piensa en tus hijos. Siente. Llora si es necesario. Sanar también es parte de ser madre o padre. (tercera vez)

Cuando termines de escuchar tres veces la canción, **toma conciencia** del enorme poder que tienes sobre la historia de tus hijos. Elige hoy ser su mejor ejemplo. No perfecto. Pero sí consciente.

CAPÍTULO 3

Un hogar llamado familia

"Tener un lugar a donde ir se llama hogar, tener personas a quien amar se llama familia, y tener ambas se llama bendición."
— Papa Francisco I

Algunas teorías sostienen que todo el universo está conectado. Que no hay nada aislado. Que cada partícula —incluso en una galaxia lejana— cumple una función vital aquí, en la Tierra, como contribuir al oxígeno que respiramos.

Así también ocurre en las familias: **todo está conectado**. Lo que siente uno, afecta al otro. Lo que pensamos de nuestros hijos, los moldea. Si los vemos fuertes, capaces y valiosos, les estamos enviando energía de crecimiento. Pero si creemos que no pueden, que no valen, que fallarán… también lo sentirán.

¿Nunca te ha pasado que piensas mucho en alguien y de pronto te llama o aparece? **Eso es conexión.** Entre padres e hijos, esa conexión es aún más profunda. Somos parte el uno del otro. Y esa energía invisible que compartimos puede ser usada para sanar, amar… o herir.

La familia como sistema

Para entender mejor la dinámica familiar, imaginemos cómo funciona el cuerpo humano. Es un sistema: tiene órganos, tejidos, procesos. Pero a su vez está compuesto por subsistemas —

nervioso, digestivo, inmunológico— que deben trabajar en armonía. Si uno falla, todo el cuerpo lo resiente.

La familia es igual. Un sistema vivo que se nutre de las **interacciones y la comunicación** entre sus miembros. Lo que uno dice, hace o deja de hacer, repercute en todos. Si papá llega a casa de mal humor, su actitud puede generar tensión, provocar malestar en los hijos, conflictos con la pareja… y el ambiente se torna denso, difícil.

Los hijos, especialmente, están en desventaja. No pueden irse. No pueden defenderse. Solo soportan… hasta que un día tienen la fuerza para huir, o para pelear.

El silencio que desconecta

Vivimos en una era hipertecnológica. Celulares, pantallas, notificaciones. En muchos hogares, los teléfonos tienen más presencia que los abrazos. Si miras a tu alrededor en un restaurante, verás familias enteras juntas… pero cada uno absorto en su pantalla.

¿Están juntos? Sí.

¿Están conectados? No.

Un estudio en Estados Unidos reveló que el tiempo real de interacción entre padres e hijos es de **menos de dos minutos al día**. Incluso compartiendo el auto rumbo a la escuela, los padres escuchaban noticias en vez de escuchar a sus hijos. Así de fácil se pierde la oportunidad de sembrar amor.

La familia también necesita mantenimiento. Cuidado. Tiempo. Escucha. Atención. Apaga el celular en la mesa. Mira a los ojos. Pregunta sin prisa. Esa simple decisión puede transformar el corazón de tu hogar.

Tipos de familia

No todas las familias se ven igual, pero todas tienen el mismo potencial de ser amorosas, funcionales y seguras. Aquí algunos tipos comunes:

Familia nuclear

Papá, mamá e hijos. Es la estructura más común. Suele haber roles definidos: el padre como autoridad principal, la madre como co-guía, y los hijos organizados por edades.

Familia monoparental

Uno de los padres asume toda la crianza. A veces el hijo mayor se convierte en apoyo o figura de autoridad. Esto puede fortalecerlos… o sobrecargarlos.

Familia extensa

Incluye a abuelos u otros familiares. Puede ser rica en sabiduría y apoyo, pero también desafiante si los límites no están claros. A veces los abuelos imponen normas, dificultando el rol de los padres.

Familia compuesta

Los tuyos, los míos y los nuestros. Cuando dos personas con hijos se unen tras divorcio o viudez. Aquí la claridad de roles es clave: ¿quién regaña a quién? ¿quién tiene autoridad? La comunicación constante es fundamental.

Familia a distancia

Uno de los padres no vive en casa pero está presente emocional o económicamente. Puede mantener su rol desde lejos o cederlo completamente al otro progenitor.

Ninguna estructura es mejor que otra. Lo que marca la diferencia es **la armonía, la claridad de roles y la conexión emocional**.

Funciones vitales de la familia

La familia tiene una misión principal: ser **el lugar más seguro del mundo** para sus integrantes. Donde el niño no solo crece, sino que florece.

Donde el adulto se siente acompañado.

Donde uno puede ser uno mismo… y ser amado así.

Sin embargo, muchos niños hoy huyen de sus casas emocionalmente. Se sienten más seguros en la escuela que con sus propios padres. Y eso debe alarmarnos.

La familia debe satisfacer cinco necesidades esenciales, como lo plantea la pirámide de Maslow:

1. **Supervivencia**: Comer, dormir, tener un techo.
2. **Seguridad**: Sentirse protegido, tanto física como emocionalmente.
3. **Aceptación**: Sentir que es amado tal cual es.
4. **Estima**: Ser valorado y respetado.
5. **Autorrealización**: Tener metas, sueños, y sentir orgullo por lo que logra.

Cuando estas necesidades se cubren, nace un niño sano. Emocionalmente sano. Con fuerza interior. Y cuando no… nace la confusión, la baja autoestima, la repetición de patrones de dolor.

Conductas violentas: heridas que se heredan

Se dice que en la familia están las personas que más amamos… y a veces las que más daño nos hacen. Es ahí donde aprendemos a relacionarnos. Donde normalizamos lo que después repetiremos.

Si un niño vive en violencia, golpeado, insultado, humillado, aprenderá que esa es la forma de amar. Y aunque no puede responder a sus padres, lo hará en la escuela, con sus amigos, con su pareja en el futuro.

No se trata de no enojarse. **Se trata de enseñar cómo enojarse bien.** Si tu hijo rayó la pared, no le grites ni lo golpees. Enséñale a repararlo. A asumir la consecuencia. A crecer. Así construyes carácter.

La familia, cuna de valores

Educar no es solo corregir. Es formar en valores: respeto, responsabilidad, solidaridad, honestidad. Y, sobre todo, **congruencia**. Porque si decimos que "no se debe robar", pero celebramos cuando nos dan cambio de más… el mensaje es confuso. Y el niño aprende que "robar está bien si no te cachan".

Los valores no se enseñan con sermones. Se enseñan con actos.

"Trata a otros como quieres ser tratado."

— La regla de oro, que se aprende en casa

Género e igualdad: sembrando equidad desde casa

La equidad de género es un tema que ha tomado fuerza en las últimas décadas. Cada vez más voces defienden el derecho de hombres y mujeres a vivir con las mismas oportunidades, sin importar sus diferencias biológicas. Pero lograrlo no depende solo de leyes o políticas públicas: **empieza en casa.**

Es común confundir igualdad con equidad, pero no son lo mismo. Para ilustrarlo, imagina esto:

Karla mide 1.30 m, Iván mide 1.40 m y Rita mide 1.50 m. Los tres están frente a una barda de 1.45 m desde donde se puede ver un espectáculo maravilloso.

Si les damos **un mismo banco de 20 cm a cada uno** (igualdad), Karla sigue sin ver.

Si le damos a **Karla un banco de 30 cm**, a **Iván uno de 20 cm**, y a **Rita ninguno porque no lo necesita** (equidad), entonces **todos pueden ver el espectáculo.**

Esa es la diferencia: **igualdad da lo mismo a todos; equidad da a cada uno lo que necesita.**

En casa, solemos aplicar la igualdad mal entendida: a los niños se les compra pelota, a las niñas la cocinita. Y si un hijo juega con una muñeca, se le regaña. Si una hija quiere manejar un coche o usar herramientas, se le etiqueta. Esos prejuicios se siembran sin darnos cuenta… y limitan el potencial humano.

Un experimento en una clínica mostró cómo, desde los primeros minutos de vida, ya encasillamos a los bebés: a una niña se le envolvió con una cobija azul y al niño con una rosa. A la niña le hablaban con firmeza y la trataban como si fuera un varón fuerte y decidido. Al niño le hablaban en susurros y con ternura, pensando que era una niña. El trato cambió solo por el color de una manta.

Como madres y padres, **tenemos el poder de romper estereotipos**. Enseñar que ambos, niños y niñas, pueden aprender a cocinar, coser, cambiar una llanta o reparar un foco. Que no hay cosas "de hombres" ni cosas "de mujeres"… **solo hay cosas de personas**.

Una niña puede ser ingeniera. Un niño puede ser enfermero. Una mujer puede liderar un país. Un hombre puede ser amoroso, cuidador, sensible.

Promover la equidad no les quita nada. Al contrario, **les da herramientas para vivir con mayor libertad, autonomía y dignidad.**
Y lo más importante: les da permiso de ser ellos mismos, sin miedo al juicio.

Reflexión

Haz un ejercicio de consciencia. Toma dos papeles. En uno escribe: *mujer*, en otro: *hombre*. Anota las actividades que crees que solo le corresponden a cada uno. Luego léelo en voz alta y pregúntate:

¿Esto realmente es exclusivo de un género? Descubrirás cuánto de lo que creemos… es solo un reflejo de lo que aprendimos.

Puntos a considerar

- La conexión con tus hijos es poderosa. Lo que piensas de ellos, se convierte en su espejo.
- La familia es un sistema donde todo está interrelacionado.
- Cada tipo de familia puede ser funcional si hay amor, reglas claras y respeto.
- Promover la equidad de género desde el hogar crea adultos libres, seguros y conscientes.
- Educar es mostrar con el ejemplo.

Actividad

Busca una piedra pequeña. Llámala **la piedra del agradecimiento**. Guárdala en tu bolso, cartera o mochila. Cada vez que la veas o la toques, respira profundo y agradece:

- Por tu familia
- Por tus hijos
- Por la oportunidad de educar con amor

- Por las metas que están alcanzando

- Por el hogar que estás construyendo

La gratitud transforma la mirada… y la vida.

CAPÍTULO 4

¡Es mejor en familia!

"Conserva lo que tienes, olvida lo que te duele, lucha por lo que quieres, valora lo que posees, perdona a los que te hieren y disfruta de los que te aman."
— Bob Marley

La familia es la raíz desde donde crece la sociedad. Ahí se aprenden las primeras palabras, las primeras caricias… y también las primeras heridas. Todo lo que somos tiene una huella familiar. Como nos trataron, trataremos. Como fuimos amados o ignorados, así sabremos amar o temer.

Si queremos hijos respetuosos, empáticos y resilientes, debemos ser primero ese reflejo. **Lo que damos, vuelve**.

Cuando a un niño que interrumpe le decimos:

–¡Cállate!

Él no solo aprenderá a decir "cállate", también aprenderá a usarlo. Con su hermano. Con sus amigos. Con nosotros. La diferencia es que, como padres, tenemos autoridad… y a veces usamos esa autoridad para castigar lo que nosotros mismos enseñamos.

¿Respetar aunque duela?

Hubo un tiempo en que se enseñaba a los hijos a **honrar a los padres a toda costa**, sin importar si estos eran crueles, agresivos o violentos. La obediencia era vista como virtud. Se pensaba que el respeto se exigía, no se ganaba.

Un ejemplo de esto está en la película *La oveja negra*, donde Pedro Infante interpreta a un joven que, educado para obedecer, soporta humillaciones y violencia de su padre (Fernando Soler), hasta la muerte de su madre. Aún así, lo honra hasta el final. Una tragedia con disfraz de lealtad.

Esta visión promovía la idea de que el maltrato era parte del amor. Se hablaba de "la nalgada a tiempo", y a los maestros se les permitía jalar orejas o pegar con la regla "para corregir".

Hoy sabemos que eso **no educa, lastima**. Que deja huellas invisibles que, en la adultez, se traducen en miedo, rabia, o incluso en repetir el mismo patrón con nuestros propios hijos.

Sanar lo que dolió

Muchos fuimos criados en entornos rígidos o indiferentes. Algunos fuimos golpeados, ignorados o humillados. Otros no fuimos escuchados. Y sin darnos cuenta, repetimos lo que vivimos.

¿Has notado que cuando te enojas, usas las mismas frases que te decían a ti de niño?

Es hora de soltar.

De transformar.

No desde el resentimiento, sino desde la conciencia.

Si tú lo viviste, tus hijos no tienen por qué repetirlo.

El cambio comienza al reconocer cómo fuimos criados y cómo estamos criando hoy. Es comparar, perdonar, y decidir hacerlo diferente.

Lo que se nombra, se transforma.

Modelos de crianza

Cada familia tiene su propio "sabor". Como una receta secreta que pasa de generación en generación. Pero ese "sabor" también se puede revisar, mejorar o cambiar.

Existen diferentes estilos de crianza que determinan el ambiente emocional del hogar:

1. Familia rígida

Aquí, las reglas son ley absoluta. Se exige obediencia ciega. No hay diálogo, solo órdenes. Las decisiones se imponen y el afecto se retira si no se cumplen las expectativas.

Frases comunes:

– "Cállate, no me contestes."

– "Porque lo digo yo."
– "No me vas a dejar en vergüenza."

Consecuencia: hijos sumisos en casa, pero rebeldes fuera. Baja autoestima, ansiedad y en casos extremos, conductas de riesgo.

2. Familia permisiva

Aquí, el amor abunda… pero los límites se desdibujan. Todo se permite. No hay consecuencias claras, y el niño termina tomando decisiones para las que aún no está preparado.

Consecuencia: hijos inseguros, inestables, con dificultades para autorregularse. No aprenden responsabilidad ni respeto a normas externas.

3. Familia indiferente

Ni límites ni amor. Padres ausentes emocionalmente, aunque estén físicamente presentes. El niño crece solo, acompañado por pantallas o silencios.

Frases comunes:
– "Haz lo que quieras."
– "Estoy ocupado."
– "Caliéntate la comida y no me esperes."

Consecuencia: sensación de abandono, aislamiento, bajo rendimiento y problemas de socialización.

4. Familia sana y productiva

Aquí hay amor, respeto y límites claros. Las reglas se explican, se dialogan. El error se corrige con aprendizaje, no con castigo. El afecto es constante. Hay estructura… pero también ternura.

Frases como:
– "¿Qué harás para resolverlo?"
– "Hablemos más tarde, ahora estoy molesto."
– "Te amo, pero esa acción necesita repararse."

Consecuencia: niños seguros, responsables, empáticos. Adultos libres, con sentido interno de dirección.

Reflexión

Piensa en tu infancia. ¿Cómo era tu familia? ¿Autoritaria, permisiva, indiferente o amorosa?

Ahora, observa tu presente. ¿Cómo estás criando tú?

Es posible que surjan emociones. Tal vez enojo. Tal vez dolor. Permítete sentir, y **elige perdonar**. No por justificar, sino por liberar.

Luego, pregúntate:

– ¿En qué estoy repitiendo patrones?

– ¿Qué quiero cambiar en mi hogar?

– ¿Cómo puedo pedir perdón a mis hijos, si es necesario?

– ¿Qué tipo de familia quiero crear?

No hay familias perfectas. Pero sí hay familias que deciden transformarse.

Ingredientes para una familia sana y feliz

a) Amor

El amor no se presume, **se prueba**. No basta con decir "los amo", ni con proveer comida o pagar la colegiatura. Amar es detenerte a mirarlos, a escucharlos sin el celular en la mano, a abrazarlos sin motivo, a reírte con ellos como si fueras niño también.

Un estudio en EE.UU., realizado durante la época de segregación racial, reveló algo impactante: En una escuela donde todos los niños eran afroamericanos, **la mayoría tenía una autoestima muy baja**, sentían vergüenza de su color de piel. Solo **dos niñas** salieron con un nivel alto de seguridad y amor propio.

Los investigadores visitaron su hogar y encontraron una madre amorosa pero humilde, que les dijo algo inolvidable:

"Cuando mis niñas llegan llorando porque alguien las insultó por su color de piel… yo no tengo palabras para calmarlas.

Solo las envuelvo fuerte con mis brazos… y las sostengo hasta que dejan de llorar. Luego se limpian las lágrimas… y vuelven a jugar."

Ese abrazo era su escudo.

Ese amor silencioso **construyó autoestima** en medio del rechazo.

A veces, **no necesitas darles una solución, solo tus brazos firmes diciéndoles: "Aquí estás segura."**

Un abrazo cambia el alma. Y ningún hijo es demasiado grande para uno.

b) Límites claros

La autoridad no se impone, **se siembra**. Y para que una semilla crezca, necesita agua, tierra fértil y luz… no gritos.

Una norma sin explicación es una orden vacía. Pero una regla razonada es una guía de vida.

En lugar de decir:

–"Te comes las verduras porque lo digo yo", prueba con:

–"Si te las comes, tu cuerpo tendrá más energía, tu mente aprenderá más rápido, y crecerás sano."

Haz partícipes a tus hijos. Pregúntales qué reglas creen que ayudarían en casa, cuáles pueden cumplir, cuáles se pueden mejorar. Cuando los niños construyen las normas contigo, **se sienten importantes y responsables**. Es más probable que las sigan… porque son parte de ellas.

c) Respeto

A veces, sin darnos cuenta, **somos más amables con nuestros amigos que con nuestros propios hijos.**

El respeto no es una fachada para el mundo: **es la raíz con la que criamos.**

Recuerda la historia de **Lidia**, una madre amable y sociable. Una tarde, mientras tomaba café con una amiga, ésta derramó accidentalmente el café sobre el tapete persa nuevo. Lidia reaccionó con calma, la consoló y le dijo:

–"No te preocupes, se limpia. No pasa nada."

Días después, su hijo Carlitos derramó leche con chocolate en el mismo tapete… La escena fue otra. Gritos, regaños, castigo y amenazas. Incluso le quitó la promesa de su patineta nueva para pagar el lavado.

¿Qué cambió? Nada… solo que **a veces tratamos con más compasión al visitante que al hijo que duerme bajo nuestro techo.**

No grites a quien amas. No castigues lo que no has enseñado.

Y sobre todo, **no olvides que el respeto también se aprende por imitación.**

Un buen ejercicio es ver el video del experimento con arroz del Dr. Emoto en YouTube.

Tres frascos de arroz con agua: a uno se le decían palabras amorosas, a otro insultos, y al último se le ignoraba.

¿El resultado?

El primero fermentó y brillaba, el segundo se pudrió, y el tercero… se enmoheció.

Nuestros hijos también son agua.

¿Qué palabras estás dejando caer en ellos cada día?
Lo que les dices, los construye… o los marchita.

d) Convivencia

Convivir no es solo estar en el mismo lugar.
Es encontrarse con el alma del otro.

Haz de cada comida una oportunidad sagrada. Apaga la televisión. Guarda el celular. Pregunta cosas reales:

–"¿Qué fue lo más bonito de tu día?"
–"¿Qué te hizo reír hoy?"
–"¿En qué te puedo ayudar?"

Un momento de conexión profunda vale más que mil horas compartiendo silencios.

Planea una caminata, una noche de juegos, un día sin destino. Lo importante **no es el lugar**, es el **corazón abierto** con el que compartimos.

Tenemos la familia que un día soñamos formar.
Cuidarla, nutrirla y disfrutarla **es nuestro privilegio… y también nuestra misión.**

Puntos a considerar

- Tu familia puede sanar contigo.
- El cambio comienza con tu conciencia.
- Una familia sana requiere amor, límites, respeto y convivencia real.
- Eres capaz de romper cadenas y sembrar un legado nuevo.

- Nadie lo hará mejor que tú. Porque **no hay mejor familia que la tuya.**

Actividad

1. Clarifica qué tipo de familia quieres formar.

2. Establece metas y objetivos reales.

3. Escribe lo que necesitas dejar de hacer… y lo que quieres comenzar a hacer diferente.

4. Respira profundo. Cierra los ojos.

5. Visualiza tu familia ideal.
¿Cómo se hablan?
¿Cómo se miran?
¿Cómo se abrazan?

6. Da gracias por esa imagen. Si puedes verla… puedes crearla.

Toma tu piedra del agradecimiento y apriétala fuerte. Porque sí, **¡es mejor en familia!**

LUCIA BARRIOS

CAPÍTULO 5

Emociones y La Familia

"El pequeño mundo de la niñez en su entorno familiar es un modelo del mundo. Cuanto más intensamente le forma el carácter la familia, el niño se adaptará mejor al mundo".

— Carl Gustav Jung

Las relaciones sociales se manifiestan primero en la familia. Es en la vida cotidiana, en la interacción diaria, en las palabras, hábitos y costumbres, donde se moldea el comportamiento de los integrantes. Si una madre repite constantemente que hay que lavarse las manos antes de comer, sus hijos terminarán por adquirir el hábito, incluso cuando ella no esté presente.

El ambiente familiar impacta no sólo en los aprendizajes personales, como el baño o el aseo, sino también en la manera en que nos relacionamos con los demás. Tal es el caso de Perlita, una niña de seis años, de melena negra, ojos verdes y bella sonrisa. Aunque vive en una colonia con muchos niños, generalmente juega sola. Entre sollozos, cuenta que los demás no quieren jugar con ella. Juanita, la mamá de Paquito, intenta integrarla. Los niños acceden, pero al poco tiempo, Perlita está llorando a gritos. Al preguntar qué pasó, los niños responden molestos: "Siempre llora y grita porque no hacemos lo que quiere". Entonces aparece Roberta, la mamá de Perlita, muy molesta. Regaña a los demás sin preguntar qué ocurrió, y se dirige a su hija para llevársela. Perlita se tira al suelo, grita, llora y da manotazos. La madre, sin saber qué hacer, le dice: "Bueno, quédate afuera, y cuando quieras, entras". Esta escena nos revela que Perlita ha aprendido a conseguir lo que quiere a través de berrinches. Esta estrategia puede funcionarle en casa, pero no con los niños del vecindario.

La escena se complementa al observar la relación de los padres de Perlita. Roberta y Ernesto discuten sobre dónde comer. Ella propone un lugar, él se opone con un tono molesto, grita y gesticula. Roberta cede. De regreso, ella quiere comprar una revista, pero él insiste en irse. Roberta llora y, con voz elevada y gestos bruscos, logra salirse con la suya. La dinámica familiar de Perlita explica mucho de su comportamiento.

En la relación intrafamiliar, los hechos pesan tanto como las palabras. El ambiente que se vive en casa moldea los valores, afectos, actitudes y formas de ser. Desde bebés, repetimos aquello que provoca una reacción positiva en los demás. Así, cuando un padre celebra una sonrisa, el bebé tiende a repetirla. Igual sucede con los elogios: si a una niña se le dice que hace muy bien los sándwiches, probablemente se esmerará en perfeccionarlos y creerá que es buena cocinera. En cambio, si un niño escucha constantemente que es torpe o feo, terminará creyéndolo, reflejando eso en su conducta y relaciones.

Los hijos creen lo que sus padres les dicen. Un ejemplo poderoso es el de las familias judías que, a diario, bendicen a sus hijos con frases como: "Bendigo el fruto de tu trabajo; que donde vayas, prosperes". Escuchar afirmaciones positivas de forma constante moldea la identidad y las expectativas. El niño termina convirtiéndose en el adulto que se le dijo que podía ser.

Emociones

Pedro es un chico inteligente, pero con comportamientos desafiantes. Su maestro sabe que puede terminar la secundaria sin problemas, pero su actitud lo complica todo. Hay días en los que Pedro es atento y participativo; otros en los que, ante cualquier contrariedad, grita, insulta y reta a sus compañeros. Cuando se le confronta, se justifica diciendo que los demás lo hacen enojar. Aunque reconoce su actitud, se siente incapaz de controlarla, como su papá.

Las emociones son universales: miedo, alegría, tristeza, enojo y disgusto. Todos los seres humanos las sentimos y las expresamos con gestos similares. Al sonreír, levantamos las comisuras; al enojarnos, fruncimos el ceño; al entristecernos, bajamos la mirada. Basta imitar la expresión para empezar a sentir la emoción correspondiente.

Cuando un adulto entra en casa caminando rápido, con el ceño fruncido y los puños cerrados, los niños saben que está molesto. Las emociones no sólo se sienten, se transmiten y se leen con facilidad. El cuerpo reacciona ante ellas y nos permite medir su intensidad.

Todas las emociones cumplen una función: el miedo nos protege, el enojo nos activa frente a una injusticia, el disgusto nos aleja de lo dañino, la tristeza fomenta la cercanía emocional, y la alegría refuerza los vínculos.

Son controlables. Por ejemplo, en el trabajo respondemos con calma a una pregunta repetitiva de un jefe, aunque nos fastidie. Pero si un hijo pregunta lo mismo muchas veces, podemos perder la paciencia y reaccionar agresivamente.

"Si tratáramos a nuestros hijos con la misma cortesía que a un extraño, nuestra vida familiar sería distinta".

Violencia intrafamiliar

Lamentablemente, en muchos hogares las emociones no se canalizan adecuadamente y se expresan como violencia: gritos, insultos, amenazas, golpes, indiferencia o humillación. Estas acciones no educan, sólo reflejan una falta de control emocional. Aún hoy, se cree que los castigos físicos educan, pero la ciencia ha demostrado que sus efectos son negativos y perdurables.

Un hombre acudió a terapia tras agredir a su esposa. No comprendía su error: "Le dije que no se vistiera así. No me hizo caso. Me hizo enojar. Tenía que pegarle". Para él, la violencia era la solución aprendida en casa. Su padre golpeaba a todos. Sólo al avanzar en terapia, aprendió formas nuevas de expresar el enojo sin explotar.

Golpear a los hijos no los educa, desahoga la frustración de los padres. Un mismo acto puede provocar una reacción distinta según el estado emocional del adulto. Si tuviste un buen día, puedes corregir con calma. Si fue un mal día, puedes gritar, maltratar o golpear. No es el acto del hijo, es el estado emocional del padre.

Los niños responden con violencia activa (retan a figuras de autoridad) o pasiva (aceptan el maltrato como normal). Muchas mujeres que toleran relaciones abusivas aprendieron en casa que el amor duele, porque vieron a sus madres llorar en silencio ante la agresión.

Si vives violencia intrafamiliar, no te acostumbres. Protégete. Si es posible, dialoga cuando el agresor esté calmado y busquen ayuda psicológica. Marca límites. Si el peligro es constante, denuncia y resguarda tu seguridad.

Identificar las emociones

Detrás de cada conducta hay una emoción. A veces, reaccionamos desde nuestras emociones sin darles espacio a las de nuestros hijos.

Primera escena: Una madre espera a su hijo. La maestra la llama con tono duro frente a otras madres. Ella se sonroja, se avergüenza, y sin escuchar al niño, lo regaña y castiga. Camino a casa, sigue reprochándole. El foco está en su vergüenza, no en el aprendizaje.

Segunda escena: La misma situación, pero la madre respira, escucha a su hijo, identifica que se siente avergonzado y enojado, y conversa con él para comprender su reacción. Le explica que estar molesto no justifica insultar. Le pide disculparse con la maestra. Al hacerlo, enseña a reparar y comprender, no sólo a castigar.

Estamos hechos de emociones

Las emociones moldean nuestras decisiones, reacciones y palabras. Ser conscientes de ellas nos da poder. Como padres, debemos aprender a reconocer y gestionar nuestras emociones para enseñar lo mismo a nuestros hijos.

Las emociones se pueden controlar

1. **Conoce tus emociones** Sé consciente de lo que sientes. Recuerda el cuento del poderoso samurái que, tras conquistar todas las tierras conocidas, fue en busca de un monje de alta jerarquía para que lo coronara como el rey de todos los reinos. El monje le dijo que aún le faltaban por conquistar el reino del

cielo y el reino del infierno. Le indicó que debía encontrar a un sabio ermitaño que le revelaría el camino.

El samurái emprendió una larga travesía hasta que llegó al sabio. Al verlo, el sabio lo miró con desprecio y le dijo que no era digno de conocer esos secretos. El samurái, furioso, desenvainó su espada y amenazó con matarlo. Entonces, el sabio lo miró con serenidad y le dijo: "Eso que estás sintiendo ahora... eso es el infierno".

El samurái quedó paralizado. Bajó la espada, se postró ante el sabio y le agradeció por la lección. El sabio entonces añadió: "Y esto que sientes ahora... eso es el cielo, el perdón".

Las emociones son puertas. Tú decides cuál abrir.

2. **Dirige tus emociones.**

Un viejo sabio Cherokee, conversando con sus nietos alrededor del fuego, les dijo:

—Dentro de mí viven dos lobos. Uno es blanco, y me dice que debo hacer el bien, ser justo, amable, perdonar y construir la paz. El otro es negro, y me incita a hacer la guerra, a desquitarme, a tomar venganza y a destruir todo a mi paso. Estos dos lobos pelean dentro de mí... constantemente.

Los niños, intrigados, le preguntaron: —¿Y cuál gana, abuelo?

El sabio respondió con calma: —El que alimento más.

Lo mismo pasa con tus emociones.

Decide a cuál de tus lobos vas a alimentar. Entrénalas.

3. **¡Automotívate!**

La emoción impulsa a la acción. Emoción y motivación están entrelazadas en la búsqueda de nuestros objetivos. Si aprendemos a usar lo que sentimos para generar cambios positivos, alcanzaremos nuestras metas sin importar los obstáculos.

Automotivarse es enfocar nuestras emociones hacia el optimismo, la confianza, la persistencia. No significa que las emociones negativas desaparezcan, pero sí que podemos transformarlas con un pensamiento consciente.

Recuerda el ejemplo de la madre que se sintió avergonzada cuando la maestra reprendió públicamente a su hijo. Podía haberse dejado llevar por la rabia… pero pensó: "Todas las madres pasamos por esto en algún momento". Así pudo controlar lo que sentía y encontrar una mejor solución.

4. **Reconoce las emociones en tu hijo**

A medida que conoces tus emociones, también sabrás reconocerlas en tus hijos. Verás las señales sutiles que revelan lo que necesitan, podrás ponerte en su lugar, y eso te permitirá guiarlos con amor y conciencia.

Siguiendo con el mismo ejemplo: cuando el niño le dice a su madre que la maestra tiró su cuaderno, que los otros se burlaron, que al agacharse a recogerlo se golpeó la cabeza con la mesa… ella comprende lo que sintió: enojo, vergüenza, dolor. Emociones que, como adultos, a veces también nos superan.

Ponernos en sus zapatos crea conexión emocional. Hay momentos en los que solo con verlos a los ojos… sabrás cómo se sienten.

5. **Fomenta la relación padre-hijo**

Conocer verdaderamente a nuestros hijos requiere tiempo, observación, escucha y comprensión. Solo así podemos identificar sus emociones, compararlas con las nuestras y enseñarles a manejarlas de forma asertiva.

Hablar de lo que sentimos dentro del hogar fortalece los lazos afectivos y mejora la convivencia. Es en esos espacios donde creamos una familia emocionalmente inteligente.

Nombrar los sentimientos, validarlos y acompañarlos… es una forma poderosa de amar.

Actividad

Respira profundamente manteniendo el aire en tus pulmones, cuenta hasta cuatro, sin soltar el aire bájalo hasta el estómago, cuenta cuatro otra vez, ahora súbelo otra vez a los pulmones y cuenta hasta cuatro, luego suelta el aire lentamente contando cuatro otra vez. Repetirás la respiración tres veces con tus ojos cerrados y luego teconcentrarás en ti, relájate.

Reflexiona:

- ¿Cómo son tus emociones?
- ¿Cómo las manejas?
- ¿Cuándo pierdes el control?
- ¿Cuándo eres pasivo?

Piensa en tus hijos:

- ¿Qué emociones te provocan?
- ¿Qué actitudes de ellos te descontrolan?
- ¿Cómo manejan ellos sus emociones?
- ¿Qué vínculo emocional hay entre ustedes?

Finalmente:

- ¿Qué puedes hacer diferente?
- ¿Qué deberías dejar de hacer?
- ¿Cómo puedes contribuir a su educación emocional?

El verdadero cambio emocional en tu hogar comienza en tu interior.

CAPÍTULO 6

Ganancias secundarias del comportamiento inadecuado de los hijos

"La sociedad paga bien caro el abandono en el que deja a sus hijos, como todos los padres que no educan a los suyos".

—Concepción Arenal

No nos gusta ver a nuestros hijos enfermos. Quisiéramos, aunque fuera por un momento, estar en su lugar para que no sufran. Por eso, los apapachamos lo más que podemos: los dejamos en cama viendo su programa favorito, les damos de comer sus antojos, los abrazamos, los besamos y les hablamos con ternura, esperando que nuestros cuidados contribuyan a su mejoría. Cuando la enfermedad pasa, volvemos a la normalidad: la voz recupera su tono habitual y les llamamos la atención por dejar los juguetes regados. Aunque estar enfermo es incómodo y doloroso, algunos niños pueden fingirlo por las ganancias que reciben: atención y cuidado.

Padres y madres, consciente o inconscientemente, somos generadores del comportamiento de nuestros hijos. No solo les heredamos y modelamos el carácter, sino que también, con nuestras respuestas, afianzamos o debilitamos sus conductas. Los niños están en constante aprendizaje y es a través de la interacción familiar que lo ponen en práctica. A las mamás nos encanta jugar con nuestro bebé a escondernos para que nos busque. Escuchar su llanto cuando no nos ve es, incluso, enternecedor. Luego, al aparecer ante sus ojos y verlo sonreír, es maravilloso. Sin embargo, cuando necesitamos ausentarnos de su vista para hacer otras cosas, ese llanto ya no nos resulta tan tierno. A veces estamos muy ocupadas y el bebé llora a pulmón abierto. La situación se torna estresante, y aunque a veces tardamos, finalmente aparecemos, lo tranquilizamos y lo hacemos sonreír.

En el mejor de los casos, le enseñamos al pequeño que a veces no nos verá, pero que seguimos cerca. Le hablamos fuerte para que se sienta seguro, lo traemos con nosotras para que vea dónde estamos, hasta que se adapta y, por fin, podemos tomar un baño sin prisa. El cambio es paulatino. Aunque me he preguntado: ¿qué hubiera sucedido si desde el principio no hubiéramos jugado con él de esa manera?

En algunas ocasiones, nuestro actuar tiene consecuencias secundarias agradables. Es como cuando nos sentimos mal por una situación, pero a la vez obtenemos un beneficio. Retomando el primer ejemplo, las ganancias secundarias son que el niño no tiene que ir a clases, puede ver su programa favorito, comer lo que desea y recibir mimos y cuidados. De una situación desagradable como la enfermedad, surge una ganancia secundaria. Al obtener algo positivo, se refuerza la conducta. Una vez sano, el niño puede fingir estar enfermo para recibir el mismo beneficio.

Nos desenvolvemos en el entorno según aprendemos a obtener beneficios. Como en aquel chiste de la esposa que finge estar enferma para que su esposo limpie la casa, cuide a los hijos y cocine. El marido, verdaderamente preocupado, atiende todas sus demandas por varios días. Al ver que no mejora, decide llevar a sus hijos con su hermana, que vive en Acapulco, para dejarla descansar completamente. Cuando la esposa se entera del viaje, se recupera de inmediato, queriendo ir a la playa con ellos. Al descubrir el engaño, el esposo la regresa a la cama e informa que ha contratado a una enfermera para que la cuide toda la semana. Se despide y se va. De manera similar, los hijos acomodan su comportamiento según lo que les conviene, y nosotros contribuimos sin darnos cuenta.

Ganancias del mal comportamiento

El comportamiento inadecuado de los hijos puede generar cuatro tipos de ganancias secundarias. Estas pueden presentarse por separado o simultáneamente: atención, poder, revancha e insuficiencia.

Atención

Nuestros hijos necesitan atención. Es decir, necesitan que nuestros sentimientos, pensamientos y cuidados estén volcados en ellos. Hoy en día, la rapidez de la vida cotidiana nos impide detenernos a notar los detalles. ¿Cuántas veces vamos apresurados bajo un cielo maravilloso y ni siquiera lo notamos? Prestar atención implica centrar todo tu ser en el momento y en lo que estás viviendo.

Analicemos los siguientes escenarios:

En el primero, la madre está en la cocina. Su hijo entra, se para frente a ella y le dice: —Mamá, mira lo que hice. Ella voltea, lo ve y pregunta: —¿Qué es? —Un tanque de guerra, ¿no lo ves? Ella le da la espalda y responde: —No le encontré figura. —¿Te gusta? —pregunta el niño. Sin mucho cuidado, ella contesta que sí. El niño se retira con la cabeza baja.

En el segundo escenario, el niño dice lo mismo: —Mamá, mira lo que hice. La madre voltea, lo observa detenidamente. Nota que anda aterrado, que se raspó el brazo, que tiene una cinta del tenis desabrochada. Sus ojos están húmedos, como si hubiera llorado. En sus manos sostiene una caja enorme, cortada y manipulada, que simula un tanque de guerra. Debe haberle costado mucho trabajo. Entonces le dice: —¿Es un tanque? —Sí. —¿Lo hiciste tú solo? —No, me ayudó mi amigo. —Se ve difícil, ¿batallaste? —Sí, un poco. Hasta me corté y lloré poquito, pero ya se me pasó. —A ver, déjame verte. ¿A qué andan jugando? —A la guerra, muy divertido. Hasta me arrastré por el piso. —También te raspaste el brazo. Déjame ponerte algo. ¡Qué bien te quedó el tanque, hijo! Solo ten cuidado con las herramientas que cortan, a veces son peligrosas.

Yo puedo ayudarte si lo necesitas. —¿Me ayudarías a mejorarlo? Y esa conversación puede seguir por mucho tiempo.

La diferencia entre una historia y otra es el nivel de atención otorgado. Cuando nos convertimos en padres, la necesidad de cuidar, atender y amar a nuestros hijos crece dentro de nosotros. Porque ellos lo necesitan. Si no la satisfacemos adecuadamente, el niño aprenderá a manipular el ambiente para conseguirla.

Generalmente, dentro del hogar, enfocamos nuestra atención en lo negativo. Desde que entramos, comenzamos a regañarlos: por los zapatos tirados, los juguetes regados, los platos sucios o por no haber hecho la tarea. Y aunque no todos los días es así, cuando la casa está en orden y las tareas cumplidas, esos días se caracterizan por el silencio: no decimos nada.

Es más probable que el comportamiento inadecuado se repita si es la única forma en que el niño recibe atención. Entonces se forma la falsa creencia de que solo pertenece si se hace notar: desobedeciendo, gritando, tirando cosas, insultando, llorando o haciendo berrinches. Incluso, en casos extremos, algunos niños aceptan golpes o gritos con tal de que sus padres los volteen a ver.

Un ejemplo claro son los berrinches en lugares públicos. Todos hemos presenciado a un niño gritando y tirándose al suelo en el supermercado, exigiendo que le compren algo. La madre, llena de vergüenza y enojo, intenta negociar, grita o cede comprándole lo que pide. Sea cual sea la reacción del adulto, el niño logra su objetivo: atención. Aprendió que con un berrinche consigue algo.

Para combatir el berrinche de forma efectiva, es necesario actuar con firmeza y calma.

El berrinche es una tormenta emocional. A veces grita, a veces llora en silencio, otras veces lanza objetos o se tira al suelo como si el mundo se acabara. Pero debajo del escándalo, casi siempre hay una necesidad que no supo decirse con palabras.

En esos momentos, lo peor que podemos hacer es competir en intensidad. Si el niño grita y yo grito más fuerte, no gano autoridad: pierdo el control. Tampoco sirve ignorar sistemáticamente, porque el mensaje que recibe es "solo me miran cuando soy perfecto".

Lo que necesitamos es **convertirnos en un faro**: estables, firmes, luminosos y presentes, aun cuando afuera haya tormenta.

Padres Faro

Imagina que tu hijo es un barco en medio de una tormenta emocional. El mar (sus emociones) está agitado, las olas (su impulso) lo sacuden. Si tú te conviertes en otro barco perdido, ambos se hunden. Pero si tú eres un **faro**, con base sólida, luz clara y presencia constante, él sabrá dónde está la orilla segura.

Ser un faro es no moverse con el viento. Es mantenerse firme, sin gritar, sin ceder a chantajes, pero también sin castigar con indiferencia. Es mirar a tu hijo y decirle, con la calma que a él le falta: "*Sé que estás molesto. Aquí estoy. Cuando termines, hablamos.*"

Esa es la clave: **presencia firme con amor**. No se trata de suprimir el berrinche, sino de no reforzarlo.

¿Qué hacer en un berrinche?

1. **Respira tú primero**: Tu calma es el ancla emocional de tu hijo.

2. **Nombrar la emoción**: "Veo que estás muy enojado porque no te di el dulce. Entiendo que querías algo y te molestó que dijera que no."

3. **No ceder**: Si el berrinche consigue el dulce, no fue una emoción: fue una estrategia exitosa.

4. **Ofrece un camino**: "Cuando termines de llorar, puedes venir conmigo y buscamos otra cosa que sí se pueda."

5. **Reparar después**: Cuando haya pasado, hablen. Explícale qué sintió, cómo puede expresarlo la próxima vez, y reconoce cuando logra calmarse solo.

No olvides que educar no es solo corregir. Es enseñar. Y enseñar lleva tiempo, paciencia y muchas repeticiones.

Estas interacciones pueden marcar la diferencia entre un niño que necesita hacer escándalo para sentirse visto, y uno que sabe que basta con acercarse y decir "mamá, ¿puedes verme?", para recibir amor y presencia.

Pasar tiempo de calidad con nuestros hijos es fundamental. Jugar con ellos, conversar, conocerlos y entenderlos fortalece el vínculo afectivo y mejora la comunicación familiar.

Poder

El poder es la capacidad de hacer que algo suceda. Es la fuerza —física, emocional o simbólica— que nos permite influir en otros, lograr un objetivo o imponer una decisión. En la familia, el poder puede estar distribuido de muchas formas, aunque tradicionalmente se ha asociado con la figura del padre, por su fuerza física o su rol como autoridad principal. A veces, si hay un hijo mayor con carácter dominante, él termina por ocupar esa posición. Incluso en hogares donde la madre es el sostén económico, el poder sigue girando alrededor del hombre.

Es decir, **el poder en casa no siempre se distribuye por lógica, sino por costumbre o miedo**.

La relación entre padres e hijos no es sencilla: implica negociar constantemente entre dos voluntades, dos mundos, dos necesidades. La lucha de poder comienza cuando esas voluntades chocan y cada quien quiere imponer la suya. Si los límites no están claros, se desdibujan, se traspasan. Y es ahí donde comienzan los conflictos. **La forma en que está estructurada la autoridad familiar determinará cómo se ejerce el poder en el hogar.**

Los gritos, golpes o amenazas no son autoridad: son imposición violenta. A menudo, el hombre que siente que ha perdido el control, reacciona con violencia para recuperarlo. Esa violencia no se queda en él: fluye como una cadena descendente. La mujer, sometida por su pareja, descarga el maltrato en los hijos. El poder se impone así por medio del miedo, no del respeto.

Pero **el niño también necesita poder**. Necesita sentir que puede lograr lo que quiere, que tiene influencia, que su voz cuenta. Y si no se le enseña a canalizar esta necesidad de forma constructiva, buscará el dominio a través de métodos caóticos o manipuladores.

Una madre contaba que un día estaba en el parque charlando con una amiga. Su hijo de tres años se acercó y le pidió algo de beber. Ella le pidió esperar un poco más. Insistió varias veces y fue ignorado. Entonces, el niño se paró entre ambas mujeres, separó las piernas… y se hizo pipí. La mamá, avergonzada, interrumpió la conversación y se marchó a casa.

¿Qué logró el niño? Que su madre le hiciera caso. **¿Cómo lo hizo?** Usando su cuerpo, su necesidad, su vergüenza para tomar el control. **Con apenas tres años, aprendió que tenía poder.**

Muchos niños creen que solo valen si logran imponerse, si mandan, si logran que todo gire en torno a ellos. Y nosotros, sin quererlo, lo confirmamos.

Otra madre preguntaba qué podía hacer con su hija, ya que discutían constantemente. Contó que la niña no obedecía, y cuando la regañaba, salía corriendo de la casa y se perdía. Todos se sorprendieron al saber que la niña tenía apenas **cuatro años. ¿Cómo es posible que una niña de cuatro años tenga en jaque a una mujer de treinta y tantos?**

Y sin embargo, sucede a diario. Padres y madres con miedo de educar, entregando el poder a sus hijos y sometiéndose a sus caprichos.

Cuando sentimos que nuestra autoridad se derrumba, nos desesperamos. Entramos en discusiones que no llevan a ningún lado, peleas que desgastan, hasta que nos rendimos y cedemos. Luego viene el coraje, la frustración, la culpa. Y así, **la relación se llena de tensión**, como una olla a presión que estalla una y otra vez.

Cómo evitar la lucha de poder

No se trata de pelear con ellos: se trata de guiar. Entrar en disputas con un niño es **renunciar al lugar de adulto**. Nosotros tenemos más experiencia, más herramientas, más control… no necesitamos competir. Lo que sí necesitamos es enseñarles a usar su poder de forma saludable.

Una estrategia efectiva es **permitirles experimentar el poder con responsabilidad**. Por ejemplo:

- Que decida a qué restaurante irán el domingo.
- Que elija la película familiar.
- Que proponga las reglas de un juego y lo dirija.

También puedes dejarle planear una tarde: a qué hora salen, qué hacen, cuánto dura. **En ese espacio, él asume el liderazgo.** Y tú le enseñas que tener poder también significa cuidar de los demás, respetar, pensar en consecuencias.

Si le enseñamos que el poder no es mandar, sino influir positivamente, estarás formando a un líder. Uno de verdad.

Revancha

Selena fue con una amiga a comprar boletos de lotería. Intrigada por el entusiasmo de su amiga, decidió también adquirir uno, solo por vivir la emoción del sorteo. Había muchos tipos de boletos, pero su amiga le recomendó comprar uno que incluyera *revancha*: si perdía en el primer sorteo, podía participar en una segunda ronda, con otra oportunidad de ganar, aunque fuera pagando un poco más.

Selena decía con emoción que muchas veces había perdido la primera… pero había ganado en la segunda.

Esa es la esencia de la revancha: **el deseo de contrarrestar una derrota**, quitarnos la espinita, vengarnos o desquitarnos por algo que nos dolió. Y, como en la lotería, **a veces se gana… y otras se pierde**.

En la infancia, cuando los niños se sienten heridos, maltratados o humillados, no tienen fuerza física ni madurez emocional para responder directamente, así que se desquitan de formas inesperadas. No pueden devolverte el golpe, pero pueden devolverte el dolor.

El ciclo del desquite

En medio de este círculo se mezclan sentimientos difíciles: **amar profundamente a nuestros hijos… y al mismo tiempo sentirnos hartos, dolidos o incluso enojados con ellos**. Y eso no nos hace malos padres: nos hace humanos.

Una chica compartía, entre risas y rabia, que de pequeña su tía le había dado unas nalgadas sin razón aparente. Años después, ya adulta, decía en broma que quería ir a devolverle el golpe. El recuerdo aún dolía.

La revancha no siempre es inmediata: a veces se guarda, como una espina, esperando el momento de salir.

Cuando un niño vive en constante conflicto con sus padres, empieza a creer que **solo es importante cuando duele o lo duelen**. Así que se instala en el papel de víctima o agresor: sufre, pero también hiere. Y el ciclo se repite.

Hay adolescentes que confiesan sabotear sus propios estudios para herir a sus padres: no presentan exámenes, reprueban materias... sabiendo que eso lastima. **¿Quién pierde más? Ellos. Pero en su lógica emocional, el precio vale si con eso logran hacer sufrir a quien sienten que los ha herido primero.**

Perder... para ganar

Participar como adultos en el juego de la revancha es como echar leña al fuego. Si los padres entramos al campo de batalla con el mismo espíritu de ataque, **los conflictos se intensifican**. El niño no dejará de buscar nuevas formas de desquitarse. Se convierte en una guerra emocional interminable.

Y vivir en guerra cansa. Agota. Envenena el vínculo.

Como padres, **no necesitamos demostrarle a nadie que somos los mejores**. Tenemos una ventaja inmensa frente a nuestros hijos: más años, más experiencia, más madurez. Pero esa ventaja es temporal. **Si no la usamos para enseñar, llegará un momento en que los papeles se inviertan, y será tarde para recuperar la relación.**

No siempre el que cede, pierde. A veces, **ceder con conciencia es el acto más sabio y poderoso que podemos hacer.**

Cómo salir del ciclo de la revancha

Salir del círculo del desquite requiere algo difícil pero transformador: **renunciar al deseo de venganza**. Sí, a veces nuestros hijos nos hieren con palabras o actitudes, pero eso no nos da derecho a lastimarlos de vuelta.

Educar no es castigar por impulso. No es corregir desde el enojo. Si estamos heridos, podemos:

- Respirar.
- Esperar.
- Hablar desde el dolor, no desde la rabia.
- Y sí, **perdonar y pedir perdón**.

Porque el perdón, en familia, **no es un lujo: es una necesidad**.

Todos nos lastimamos. Todos nos equivocamos. Pero si cada herida se convierte en una revancha, no hay vínculo que resista.

En cambio, si aprendemos a reparar, a nombrar el dolor, a construir desde el respeto, el hogar se convierte en un refugio, no en un campo de batalla.

Perdonar es la base para transformar un ambiente de revancha en un ambiente de amor.

Un amor real. De esos que no necesitan ganar… para estar en paz.

Insuficiencia

Cuando como padres somos sobreprotectores, sin quererlo sembramos en nuestros hijos una idea peligrosa: **"no puedo solo"**. Esta creencia, llamada sentimiento de insuficiencia, hace que los niños se perciban como incapaces de realizar tareas por sí mismos, aun cuando sí tengan la habilidad.

A veces confundimos cuidar con hacer todo por ellos. O simplemente nos falta la paciencia para enseñarles y esperar a que hagan las cosas a su ritmo. Pero cada vez que intervenimos, que apuramos, que resolvemos por ellos… también les robamos una oportunidad de confiar en sí mismos.

Una madre compartía que cuando sus hijos eran pequeños, su esposo los llevó a una juguetería y les dijo: *"Elijan lo que quieran, yo se los compro."*

El niño, emocionado, hizo una fila de opciones y preguntaba si podía llevarse dos. Pero la niña caminaba de un lado a otro, observando, dudando, hasta que finalmente se acercó a su madre y le preguntó qué debía escoger.

La madre le respondió: *"Elige tú"*, y en ese momento la niña **entró en crisis**. No podía decidir. Estaba paralizada.

Ese instante la conmovió profundamente. Nunca se había dado cuenta del impacto de su conducta: **ella decidía todo por su hija**. Desde la ropa y los zapatos hasta lo que comía. Siempre la apuraba, siempre le corregía. Y muchas veces, sin pensarlo, terminaba haciendo las cosas por ella. Inconscientemente, le había enviado el mensaje de que no era capaz.

La niña había aprendido: *"Si mi mamá hace todo esto por mí, también debería elegir mi juguete."*

Esa madre buscó ayuda profesional. Su terapeuta la ayudó a ver que, aunque amaba profundamente a su hija, le estaba haciendo daño. Había fomentado un patrón de dependencia. Comenzó, entonces, a trabajar arduamente para reparar. Empezó por ofrecerle dos cambios de ropa y dejar que ella eligiera. Al principio fue difícil: la niña insistía en que decidieran por ella. Pero poco a poco, con paciencia y aliento, **empezó a decidir por sí misma**.

La madre, por su parte, tuvo que aprender a esperar, a confiar, a no corregir todo. Y cada día, le repetía con ternura: *"Tú puedes hacerlo. Y lo puedes hacer bien."*

Cuando educar se convierte en controlar

A veces —y esto es fuerte, pero necesario de nombrar— los padres **fomentamos el fracaso de los hijos** para que sigan dependiendo de nosotros. Lo hacemos por miedo, por necesidad de control o por una distorsionada idea de amor. Pero lo cierto es que ese acto es **vil y destructivo**, porque arruina su destino. Los condena a ser adultos que siempre necesitarán a alguien más para avanzar.

Una historia lo ilustra con claridad.

Una madre le decía a su hijo de 19 años:

—*Hijo, ya es hora de que te consigas una novia.*

Al poco tiempo, él se presentó con una. Luego ella le dijo:

—*Ya tienes mucho tiempo de novios. Deberían casarse.*

Y así fue.

Años después:

—*Ya deberían tener un hijo.*

Y nació un bebé.

Y finalmente:

—*Ahora que tienes hijo, deberías comprarte una casa.*

Y él la compró.

¿Era incapaz de hacer todo eso por sí mismo? No. Pero **había aprendido a esperar instrucciones**. A vivir como alguien que no sabe qué quiere, hasta que alguien más se lo diga.

El niño desvalido

Un niño que crece con este mensaje internaliza que **solo es importante cuando necesita ayuda**. Aprende que su valor está en su debilidad, no en su fuerza. Y lo más triste es cuando los padres estamos de acuerdo con ese pensamiento… y **reforzamos su papel de desvalido**.

Convertimos su inseguridad en un espejo de nuestra propia ansiedad. Y así, les enseñamos a vivir con miedo de fallar, con miedo de decidir, con miedo de vivir por sí mismos.

¿Cómo revertir la insuficiencia?

Primero, con un cambio en nuestra mirada. Necesitamos **creer que nuestros hijos son capaces**. Necesitamos confiar, aun cuando duden. Necesitamos darles espacio para intentar, fallar, corregir y volver a intentar.

Eso se logra:

- **Evitando críticas innecesarias.**
- **Celebrando sus logros, por pequeños que sean.**
- **Ofreciendo opciones, no órdenes.**
- **Reconociendo sus esfuerzos más que sus resultados.**

Si solo señalamos los errores, confirmaremos sus miedos. Si en cambio **resaltamos sus virtudes**, ellos aprenderán a verse como nosotros los vemos: **suficientes, valiosos y capaces**.

Las cosas en su lugar

Para modificar la dinámica del hogar, es necesario que **cada miembro de la familia ocupe el lugar que le corresponde**. Nosotros somos los padres: tenemos la autoridad, la responsabilidad y el privilegio de guiar y cuidar. Nuestros hijos son los aprendices. Ellos **observan, imitan y absorben** cada gesto, cada reacción, cada palabra. Al ejercer con claridad nuestro rol como adultos, recuperamos el control del hogar y multiplicamos nuestra influencia positiva en su educación.

No siempre es fácil escuchar que **somos nosotros quienes fomentamos los comportamientos inadecuados de los hijos**. Nos cuesta aceptarlo, porque nuestro deseo genuino es que "se porten bien". Sin embargo, la verdad es que **la forma más poderosa de transformar su conducta es transformando primero la nuestra**.

Con los hijos, lo que va... es lo que viene. Si les gritamos, es probable que nos griten. Si los golpeamos, nos responderán con agresión cuando puedan. Si los criticamos constantemente, ellos harán lo mismo.

Los niños nos devuelven lo que les damos.

Hacer diferente para obtener diferente

Cambiar no siempre es hacer más. A veces es **dejar de hacer lo mismo de siempre**. Ser valientes para actuar distinto. Como aquella madre que, en plena tienda, frente al berrinche de su hijo por una golosina, **en lugar de gritarle, se tiró al suelo y comenzó a patalear igual que él**.

El niño, sorprendido, se quedó quieto.

La escena puede parecer exagerada, pero demuestra algo: **cuando hacemos algo diferente, el niño no tiene el mismo guion para seguir. Y ahí es donde empieza el aprendizaje.**

Un niño que aprende a conseguir atención con berrinches será rechazado en muchos espacios sociales. Ayudémosle a aprender que **hablar y expresarse con calma también funciona**. Cuando nos hable, míralo a los ojos. Que sepa que para ti existe, incluso sin levantar la voz.

Límites y liderazgo amoroso

Es vital establecer límites claros y evitar las luchas de poder. Nosotros somos los adultos. Tenemos más fuerza, más conocimiento y más visión. **Con eso podemos destruir... o edificar**.

Si un niño ha aprendido a vivir en revancha, cede de vez en cuando. No por debilidad, sino por sabiduría.

La física lo explica: cuando dos fuerzas de igual magnitud se oponen, el avance es nulo. Pero si una cede, puede redirigir la energía de la otra.

Solo un cobarde pelea contra alguien a quien sabe que puede vencer. Si como adultos no cedemos cuando aún tenemos ventaja, mañana, cuando esa ventaja desaparezca, **el duelo puede volverse peligroso… incluso destructivo**.

Con los hijos **no se libra una guerra: se construye una vida**.

Ver lo que sí

Todos los hijos tienen cualidades. A veces no saltan a la vista, pero están ahí: una letra hermosa, un oído sensible, una capacidad lógica, una ternura al hablar. **Busca esas virtudes. Nómbralas. Aliéntalas.**

Dile lo bueno que es. Díselo muchas veces. Ayúdale a descubrirlo. Porque **un niño que se siente capaz, puede lograr lo que se proponga**.

Puntos a considerar

- **Los hijos repetirán un comportamiento mientras obtengan una ganancia secundaria.**
- Nuestra reacción puede fortalecer o debilitar ese patrón.
- La atención es una necesidad emocional: **si no la obtienen con amor, la buscarán con rabia**.
- Poner atención significa dejar lo que estás haciendo y mirar, escuchar, sentir.
- No entres en luchas de poder: a veces, al "ganar" una batalla, se pierde una relación.
- Permite que tu hijo crezca: que decida cuándo tener pareja, cuándo casarse, cuándo tener hijos.

- **Enséñale a decidir. No a obedecer órdenes disfrazadas de consejo.**

Reflexión

Haz una pausa.

Medita sobre tu dinámica familiar:

- ¿Cómo están organizados?
- ¿Quién tiene el poder?
- ¿Cómo se gana la atención en tu casa?
- ¿Tú también obtienes beneficios emocionales del mal comportamiento de tu hijo?
- ¿Qué puedes dejar de hacer… o hacer diferente?

Actividad

Durante los próximos días, separa **20 minutos** para observar a tus hijos convivir con sus amigos. Hazlo sin que se den cuenta. Tal vez desde una ventana, mientras juegan en el parque. Observa:

- ¿Cómo hablan?
- ¿Cómo permiten que les hablen?
- ¿Qué actitudes muestran?
- ¿Qué hacen para ser vistos, escuchados o respetados?

Escribe en una hoja los comportamientos que más te llamaron la atención —positivos o negativos—.

Después, **reflexiona sobre tu parte**:

- ¿De qué manera contribuyes a que tu hijo actúe así?
- ¿Qué podrías cambiar tú?
- ¿Qué nuevas formas podrías probar?

Y finalmente, **haz una lista de los comportamientos tuyos que deben cambiar**. No para castigarte, sino para crecer. Porque como padres también estamos en formación. Y si nosotros hacemos diferente… ellos también aprenderán a hacerlo.

CAPÍTULO 7

Los padres formamos la autoestima en nuestros hijos

"La satisfacción de la necesidad de autoestima conduce a sentimientos de autoconfianza, valía, fuerza, capacidad y suficiencia, de ser útil y necesario en el mundo".

—Abraham Maslow

Cuenta la mitología griega que Pigmalión, al no encontrar una mujer a quien amar, decidió esculpir con sus propias manos a la mujer perfecta, inspirándose en la belleza de la diosa Afrodita. Día tras día admiraba su obra con devoción, y le repetía una y otra vez: *"Si tuvieras vida, serías una mujer amable, educada, apasionada, una esposa perfecta. Me amarías, y yo te protegería siempre."*

Afrodita, conmovida por sus palabras, decidió concederle un milagro: una noche, la escultura cobró vida. Pigmalión, al ver a Galatea moverse, hablar y sentir, descubrió que en ella habitaban exactamente todas las cualidades que había pronunciado durante tanto tiempo.

Los dioses, literalmente, **le dieron una mujer hecha de sus palabras.**

Ahora, usando un poco la imaginación… si en este momento los dioses bajaran a convertir a nuestros hijos en las palabras que escuchan cada día de nosotros, ¿en qué los transformarían?

¿En guapos, atentos, inteligentes, exitosos? ¿O en desobedientes, inútiles, torpes, "sirve para nada"?

En la vida real, **nosotros somos el Pigmalión de nuestros hijos**. Si les decimos que los amamos, que son inteligentes, hábiles, responsables o creativos, eso se irá haciendo verdad en su mente y en su corazón.

Pero si las palabras que usamos para describirlos son: inútil, tonto, estorbo, flojo… también en eso se convertirán.

Hace tiempo, en un taller sobre fortalecimiento de la autoestima, una mujer preguntó:

"¿Qué tenemos que ver los padres con eso de la autoestima? Al fin de cuentas, es auto... eso es personal, ¿no?"

La respuesta fue clara y contundente: **los padres tenemos todo que ver.** Es de nosotros de quienes los hijos obtienen la información para construir lo que piensan de sí mismos.

Autoestima

La autoestima es el afecto, cariño o consideración que una persona tiene por sí misma. Puede ser alta o baja, dependiendo de las autoevaluaciones —positivas o negativas— que cada uno haga sobre sí.

En los niños, la autoestima se va formando a partir de las actitudes, miradas, palabras y acciones que reciben de su entorno más cercano: especialmente de mamá y papá.

El nivel de autoestima que desarrolla un niño tiene impacto directo sobre su estado emocional y social. Si se le habla con respeto, se le reconocen sus habilidades, se le alienta y halaga, desarrollará una autoestima alta. En consecuencia, su estado de ánimo será generalmente positivo, y se comportará de forma saludable con los demás. En cambio, si se le critica, se le grita, se le insulta o se le golpea, crecerá con una autoestima baja, y lo que proyectará será frustración, tristeza o agresividad hacia sí mismo y los otros.

La autoestima **es indispensable para el desarrollo integral del ser humano**. No es un lujo emocional: es un pilar de supervivencia. Su esencia consiste en **tener confianza en uno mismo** y en **saberse merecedor de la felicidad**.

Componentes de la autoestima

La autoestima se compone de cinco elementos fundamentales:

- **Autoconocimiento**
- **Autoconcepto**
- **Autoevaluación**
- **Autoaceptación**
- **Autorrespeto**

Autoconocimiento

Es la capacidad de reflexionar sobre uno mismo, reconocer errores y aciertos, descubrir fortalezas y debilidades. Es conocerse desde dentro. Sin embargo, en la actualidad, nuestros niños han perdido espacios naturales para esa autorreflexión debido a la sobreestimulación de los aparatos electrónicos.

Hace algunas décadas, los niños tenían más ratos de aburrimiento. Y el aburrimiento, aunque temido por muchos padres, **es un camino natural hacia la introspección**. Es en el silencio donde uno piensa en lo que ha hecho, en cómo se ha sentido, en qué podría cambiar.

Además, cuando un niño comete una falta y lo castigamos sin permitirle pensar ni expresar su versión, también **le negamos la posibilidad de conocerse a sí mismo**.

Por ejemplo: si vemos a nuestro hijo pegarle en la cara a otro niño durante un juego, podemos actuar con gritos, regaños o incluso golpes. Pero esa reacción no educa: solo aplasta.
¿Qué pasaría si, en lugar de reaccionar, nos acercamos y preguntamos:
"¿Por qué le pegaste?"
Quizás diga: *"Porque me enojé."*
Ahí tenemos una oportunidad. Podemos llevarlo a reflexionar:
—¿Siempre que estás enojado pegas?

—¿Por qué crees que eso es válido?

—¿Conoces a alguien que lo haga?

Y aún más importante, enseñarle técnicas para gestionar esa emoción:

- Respirar profundo
- Alejarse del grupo
- Nombrar lo que siente

Eso es autoconocimiento en acción. Así aprende a identificar sus emociones, sus reacciones y las posibles alternativas.

Autoconcepto

El autoconcepto es el reconocimiento de nuestras propias características físicas, intelectuales, afectivas y sociales. En los niños, se forma principalmente **a partir de lo que escuchan sobre ellos**.

Si le decimos constantemente: *"Eres desobediente, sucio, flojo, no haces nada bien"*, eso empezará a formar parte de su identidad. En cambio, si escuchan: *"Eres inteligente, generoso, hábil, amoroso, trabajador"*, eso también lo incorporarán como verdad.

El ambiente se convierte en un espejo. Y el niño construye su imagen interior con las palabras que oye de los demás. **Cada frase que usamos para describirlo, lo moldea.**

Autoevaluación

La autoevaluación es la capacidad de valorar si lo que pensamos, sentimos o hacemos está bien. Es medir nuestras propias habilidades para enfrentar una tarea, y decidir si podemos intentarlo o no.

El niño, por su corta edad y escasa experiencia, **no puede hacer esta evaluación solo**. Necesita nuestra guía.

Imaginemos que a un niño le encanta brincar bardas, pero un día se encuentra una más alta de lo normal. Su instinto puede decirle: *"No puedo, me voy a caer."* Pero si su madre observa y le dice: *"No parece tan alta, yo creo que sí puedes brincarla"*, él se sentirá más confiado. Tal vez lo intente. Tal vez lo logre. Y la próxima vez que tenga un reto, recordará esa experiencia.

Así se fortalece su autoevaluación.

Autoaceptación

Es reconocer que somos valiosos aunque no seamos perfectos. Aceptar nuestras virtudes y nuestros defectos. Pero para que un niño se acepte, **primero debe sentirse aceptado por sus padres**.

Cuando el amor está condicionado —cuando solo lo elogiamos si se porta bien y lo rechazamos si no cumple expectativas— el niño empieza a rechazarse a sí mismo.

Ese autorrechazo puede crecer en silencio, hasta transformarse en trastornos como la anorexia, la bulimia, o una vida entera de inseguridad.

Autorrespeto

El autorrespeto nace del trato que recibimos. Cuando un niño se siente digno, valioso, importante, aprende a cuidarse, a respetarse y a proteger su bienestar.

En culturas machistas, a los niños varones se les reprime el llanto, se les avergüenza por mostrar ternura, se les exige rudeza como sinónimo de valor.
Así se les enseña que solo si son bravucones serán respetados. Eso no es autorrespeto: es miedo disfrazado.

Mientras más respeto recibe un niño, **más fuerte será su autoestima**.
Si les habláramos con la mitad del respeto con que tratamos a un extraño en la calle, otra sería la historia emocional de nuestra familia.

La forma en que les hablamos en casa es **la forma en que permitirán que los traten en el mundo.**

Un tejido que comienza en casa

A medida que el niño se conoce a sí mismo (autoconocimiento), crea conceptos sobre su identidad (autoconcepto), evalúa sus capacidades (autoevaluación), aprende a aceptarse (autoaceptación) y a valorarse (autorrespeto).

Cada uno de estos hilos **se teje con la misma aguja: la relación con los padres**.

La autoestima nace en casa.

Crece a medida que los niños alcanzan —o no— las expectativas que en casa se les imponen.

Desde pequeños, cuando celebramos que sostuvo su biberón con fuerza, o que caminó sin tambalearse, ya estamos etiquetando sus habilidades.

Y si repetimos: *"Es tímido, por eso no saluda"*, el niño lo reafirmará y se retraerá.

Ese es **el verdadero efecto Pigmalión**: convertir en realidad lo que declaramos.

Actitudes y acciones que fomentan una baja autoestima:

a. Tener expectativas negativas

Esperar de antemano un mal comportamiento puede afectar profundamente la seguridad de nuestros hijos. A veces, al despedirnos de ellos usamos la frase "pórtate bien", pero detrás de esas palabras se esconde el temor de que hagan algo malo. Si no les demostramos confianza, no confiarán en sí mismos. Podemos transformar esa frase por un "diviértete, sé que estarás bien". Cambiar el enfoque hacia lo positivo permite que el buen comportamiento se mantenga y se fortalezca.

b. Implementar objetivos desproporcionados

Esperar que sean como alguien más, por ejemplo "¿por qué no eres como fulanito?", o plantear metas ridículamente fáciles, como preguntarle a un niño de 10 años cuánto es dos más dos, no ayuda a su desarrollo. Lo ideal es acompañarlos a construir sus propios objetivos de acuerdo con sus gustos, sueños y capacidades. Camila, una niña de 10 años, tenía una madre que soñaba con verla como bailarina de ballet clásico. Sin embargo, Camila se sentía atraída por el hip hop. Durante un tiempo fue obligada a tomar clases de ballet con el argumento de "no puedes descartar algo que no conoces". Al principio, Camila se esforzó para cumplir el sueño materno, pero pronto empezó a inventar pretextos para no asistir. La madre lloraba su "sueño roto" ante sus amigas, sin imaginar que esas palabras llegaban a oídos de su hija y la entristecían. Un día, la madre permitió a Camila asistir a una clase de baile urbano. Ahí la niña fue feliz: aprendió la rutina de inmediato, fue reconocida por su maestro y ocupó un lugar especial en la presentación. La madre finalmente entendió que su sueño era un obstáculo para el florecimiento del sueño de su hija.

Nosotros, como padres, podemos ser la ayuda o el estorbo en el desarrollo de nuestros hijos.

c. Fomentar la competencia entre los hijos

No compares a tu hijo, ni entre hermanos ni con nadie, a menos que sea para resaltar un rasgo positivo. Las comparaciones provocan guerras internas, rivalidad y deseo de revancha. Los hermanos compiten por la atención de sus padres, y es por eso que muchas veces usan el "chisme" como estrategia: "le voy a decir a mamá que hiciste esto o aquello". Buscan nuestro reconocimiento, desean ser "el favorito".
Como padres debemos evitar esa rivalidad y fomentar la equidad. A todos los amamos con la misma intensidad, aunque de formas distintas. Ninguno es mejor que el otro; simplemente son diferentes.

Hay familias donde los hermanos han pasado años sin hablarse por una competencia que se sembró desde la infancia y que se volvió interminable. Como ya dijimos: es una expectativa imposible de alcanzar.

d. Ser demasiado ambiciosos en lo que esperamos de ellos

Un ejemplo claro son los concursos de belleza infantiles. Muchas niñas están ahí no por elección propia, sino por el sueño de sus madres. Estas pequeñas pasan horas entre entrenamientos, maquillaje y presentaciones. En el escenario se esfuerzan al máximo, pero sólo una puede llevarse la corona. Las demás regresan con la autoestima golpeada. A veces, la frustración materna termina convirtiéndose en reproche hacia la hija, enterrando su amor propio bajo una montaña de expectativas incumplidas.

e. Comportamientos inconscientes y automáticos

Golpes en la cabeza, nalgadas o insultos como respuestas automáticas a la frustración son formas de violencia que solemos normalizar.

Recuerdo una escena en un restaurante donde una madre alimentaba a su hija de tres años. La niña se movía inquieta en su silla, esquivando la cuchara, y cada vez que se caía la comida la madre le decía: "¿ves, mensa, lo que hiciste?". La niña reía sin entender, aceptando la cucharada entre risas. Durante toda la comida, el apodo con el que se refería a su hija no fue "princesa" ni "mi amor", sino "mensa".

Muchos usamos palabras hirientes de forma cotidiana y sin darnos cuenta. Es fundamental tomar consciencia de nuestros actos y del lenguaje que usamos con nuestros hijos. Lo que para nosotros puede ser una frase sin importancia, para ellos puede ser una herida.

Actitudes y acciones que fomentan una autoestima sana

a. Aceptemos a nuestros hijos tal y como son, no como quisiéramos que fueran

Nuestros hijos son obra de nuestras manos, heredan nuestro temperamento e imitan nuestras acciones. Son nuestros fieles aprendices. Dentro de cada uno existen dones, habilidades y talentos únicos. Nuestra labor como padres es encontrarlos, aceptarlos, fomentarlos y observarlos crecer desde su autenticidad, no desde nuestras expectativas.

b. Concentrémonos en lo positivo

A menudo, como padres, enfocamos nuestra atención en lo que nuestros hijos hacen mal. Si cambiamos el lente por uno positivo y comenzamos a notar, valorar y hablar de las cosas que hacen bien —con orgullo, incluso frente a otros— veremos cambios notables en su actitud. Cuanto más se reconozca su buen comportamiento, más se repetirá. El refuerzo positivo tiene un efecto multiplicador en su desarrollo emocional.

c. Tratémoslos con dignidad y respeto

Si tratamos con respeto a un jefe o una autoridad, ¿por qué no tratar con el mismo respeto a quienes más amamos en el mundo? Nuestros hijos merecen nuestras mejores palabras, nuestras mejores maneras. El maltrato físico o verbal aniquila su dignidad, los rebaja, los humilla y destruye su autoestima. Si quieres que otros respeten a tus hijos, comienza por respetarlos tú.

d. Tomemos la responsabilidad de educar a nuestros hijos

Educar no es controlar, tampoco es reprimir. Educar es guiar, cuidar, proteger, satisfacer necesidades y, sobre todo, respetar su individualidad. No se trata de que piensen igual que nosotros, sino de acompañarlos a convertirse en lo que vinieron a ser. Tener autoridad no significa imponer, sino saber conducir con sabiduría.

e. Establezcamos límites: también son una forma de amar

Los límites brindan estructura, seguridad y claridad. Las reglas deben ser precisas y sus consecuencias conocidas de antemano. Pero bajo ningún motivo esas consecuencias deben ser castigos físicos ni humillaciones. No deben causar daño ni denigrar la personalidad del niño.

En otros capítulos hablaremos sobre técnicas de condicionamiento que ayudan a establecer límites con firmeza y amor, mediante sistemas de conducta y recompensas que promueven el buen comportamiento sin lastimar.

f. Mostremos nuestro afecto de forma clara y cotidiana

El amor no sólo se dice, se demuestra. Las palabras también acarician. Los abrazos son medicina emocional. Cuando abrazamos a nuestros hijos, los envolvemos en un círculo de protección que deja huella física y psicológica. Un abrazo reduce el estrés, relaja los músculos, baja la tensión arterial, fortalece el sistema inmunológico, incrementa la seguridad, la confianza… y sí, también eleva la autoestima. Hace años se realizó un estudio en una escuela estadounidense poco después del periodo de segregación racial. Se encontró que todos los alumnos afroamericanos tenían niveles muy bajos de autoestima, excepto dos niñas. Los investigadores, intrigados, fueron a su casa. No era diferente de las demás, pero la madre explicó:

—Cuando mis hijas vienen llorando porque alguien las insultó, yo no sé qué decirles. Sólo las abrazo. Las tengo en mi regazo el tiempo que lo necesiten. Cuando se tranquilizan, se van. Eso es todo lo que hago.

Y ese "todo" hacía toda la diferencia.

¿Cuánto tiempo hemos desperdiciado sin abrazar a nuestros hijos? El abrazo es una herramienta que cura.

Nosotros tenemos el poder —y el deber— de elevar su autoestima con nuestros gestos diarios.

Manteniendo su autoestima

El doctor **Richard Lavoie** nos ofrece una analogía valiosa y muy visual sobre la autoestima infantil, comparándola con fichas de póquer. Esta metáfora ayuda a entender, de forma sencilla y contundente, cómo se construye —y cómo se puede perder— la autoestima en el día a día.

Imaginemos que la autoestima de cada persona es como un montón de fichas de póquer.

Si un niño tiene una autoestima fuerte, es como si tuviera muchísimas fichas: puede jugar, arriesgar, divertirse y equivocarse sin que eso lo destruya. Pero si un niño tiene una autoestima frágil, tiene apenas unas cuantas fichas, y por eso cuida cada una con miedo, duda y ansiedad. Así de simple.

Pensemos en dos niños que asisten a la misma escuela. Uno se llama **Andrés**, y tiene miles de fichas. ¿Cómo las consiguió? Cada experiencia positiva le dio una: ser capitán del equipo de fútbol, quince mil fichas; ganar una competencia, veinte mil más; salir en el periódico, otras treinta mil. Andrés ha tenido una infancia rica en logros, reconocimientos y estímulos positivos. Por eso va a la escuela confiado, con sus bolsillos llenos de fichas. Puede permitirse fallar, intentar y volver a intentar.

Pero junto a él está **Jaime**, un niño con dificultades de aprendizaje. Nunca ha sido capitán, no ha ganado premios ni obtenido sobresalientes. Jaime apenas tiene treinta mil fichas. Cuando ambos juegan al mismo juego —el de la escuela, el de la vida social, el de las expectativas— lo hacen en condiciones desiguales. Y eso no es justo.

Imagínalo así: si tú tuvieras 10 millones de fichas y tuvieras que jugar con alguien que tiene solo 30 mil… ¿sería justo? ¿Crees que esa persona se animaría siquiera a jugar?

Eso es lo que pasa con muchos niños cada mañana: se levantan con pocas fichas, y el mundo les exige jugar como si tuvieran muchas.

Cuando un niño dice: —Mamá, por favor no me obligues a ir a la escuela— En realidad está diciendo:

—Hoy no tengo suficientes fichas para jugar ese juego. No me hagas ir así.

Y lo obligamos. Lo mandamos con su autoestima apenas sostenida, a competir con otros que tienen una mochila llena de fichas. Entonces, en el aula, al primer error, se arriesga todo.

Si tiene una actitud impulsiva, podría decir: —Lo apuesto todo. Claro que puedo caminar por el borde del edificio, fumar marihuana o meterme en esa pandilla. ¿Qué más da? Está apostando lo poco que le queda.

Pero si opta por la ruta conservadora, dirá: —No voy a participar. No me arriesgo. Y así se va aislando, desconectando, dejando de jugar.

Ambas actitudes surgen del mismo lugar: **la escasez de fichas**, la carencia de una autoestima sólida.

En clase, el maestro pregunta: —¿Quién fue el presidente de México durante las Olimpiadas del 68?

Andrés piensa: *"Creo que fue Miguel de la Madrid, pero no estoy seguro. Igual tengo muchas fichas. Si me equivoco, no pasa nada."* Levanta la mano y se arriesga. Falla. Pierde unas cuantas fichas, pero no le afecta.

Jaime, en cambio, piensa: *"Estoy casi seguro que fue Gustavo Díaz Ordaz… pero si me equivoco perderé muchas fichas y no tengo suficientes."* Entonces no levanta la mano. El maestro dice la respuesta correcta. Jaime se lamenta: *"¡Lo sabía! ¿Por qué no respondí?"*

Eso le pasa a muchos niños con baja autoestima. No se atreven, no participan, no exploran… no por falta de capacidad, sino por **falta de fichas**.

¿Qué podemos hacer como padres?

Darles fichas. Muchas. Todos los días.

Eso significa reconocer sus logros, celebrar sus habilidades, encontrar lo que hacen bien y reforzarlo. Descubre la "isla de competencia" de tu hijo: aquello en lo que se destaca. Si tu hijo es bueno usando el destornillador eléctrico, entonces afloja todos los tornillos de la casa y dile:
—Tú eres el mejor arreglando esto, nadie como tú.

Esa acción tan simple le da miles de fichas. Así cada día tiene más seguridad, más autoestima, más fichas para vivir.

Ser padres no es tan complicado. Nuestro trabajo consiste en **asegurarnos que cada noche, nuestros hijos se acuesten con más fichas de las que tenían al levantarse**. Eso es todo.

¿Y cómo sabemos si estamos logrando eso?

Primero: **dale fichas cada vez que puedas**.

Segundo: **quita las menos posibles**.

Tercero: **defiende a tu hijo de quienes le quitan fichas sin devolvérselas**.

Los maestros, los vecinos, incluso otros niños pueden quitar fichas. A veces no se dan cuenta. Pero si hay alguien que lastima a tu hijo constantemente y no le devuelve nada positivo, es tu deber intervenir. Esa es la **vindicación**: defender a quien no puede defenderse.

También damos fichas con gestos cotidianos: preparar su comida favorita, 15 mil fichas. Tener lista su mochila, 10 mil. Despertarlo con besos y cariño, otras 20 mil. Y eso es vital, porque quizá en la escuela el maestro lo humilla y le quita 60 mil fichas.

Pero gracias a ti, su madre, no llegó vacío. Tú equilibraste el día antes de que saliera de casa.

Al final, **las fichas de póquer son solo una metáfora**, pero nos recuerdan algo fundamental:

Nuestros hijos necesitan confianza, refuerzo positivo, amor visible y un entorno que los sostenga cuando el mundo se vuelve difícil.

Y si un día no tienen fichas… que las nuestras sean suficientes para sostenerlos.

Puntos a considerar

- La autoestima **no se hereda ni se impone**: se construye día con día, con miradas, palabras, actos y silencios que enseñan a los hijos cuánto valen, no por lo que hacen, sino por lo que son.
- Cada vez que criticamos, comparamos o ridiculizamos, **les quitamos fichas**. Cada vez que

abrazamos, escuchamos, reconocemos y alentamos, **les damos fichas**. Así de sencillo… y así de poderoso.

- La autoestima se alimenta de **autoaceptación, autoconocimiento y autorrespeto**. Si enseñamos a nuestros hijos a conocer sus fortalezas, aceptar sus diferencias y respetarse en todo momento, tendrán una base sólida para crecer, amar y elegir mejor.

- Ningún hijo necesita padres perfectos, pero sí **padres conscientes, que reconozcan el impacto de sus actos** y estén dispuestos a mejorar, a pedir perdón, a cambiar su forma de criar cuando sea necesario.

- La autoestima no es soberbia. **Es certeza interna**. Es saber que uno tiene valor, incluso cuando comete errores. Que merece ser amado, incluso cuando se equivoca.

Reflexión

Haz una pausa. Respira profundo.

Piensa en tu hijo, o en la niña que fuiste. ¿Cuántas fichas tenías tú al crecer? ¿Te sentías valiosa, suficiente, amada sin condiciones? ¿Y ahora? ¿Qué tan llenos de fichas están tus hijos al terminar el día?

Esta no es una pregunta para castigarte ni culparte. Es una pregunta para inspirarte a actuar diferente.

Cada noche, puedes ser tú quien llene sus manos de confianza. Cada mañana, puedes ayudarle a levantarse con una sonrisa que diga:
"Soy importante para alguien. Y ese alguien, cree en mí."

Actividad práctica

Durante una semana, lleva un registro emocional de las fichas que das y las que quitas.

Hazlo como una bitácora diaria, sin juicio, solo con honestidad.

1. Anota tres cosas que **hiciste o dijiste** que sumaron fichas a la autoestima de tu hijo.
2. Anota una o dos que, sin querer, **pudieron restar**.
3. Al final de la semana, reflexiona:
    - ¿Qué tipo de palabras uso más?
    - ¿Soy fuente de confianza o de temor?
    - ¿Qué puedo empezar a hacer diferente desde mañana?

Recuerda: los grandes cambios no se hacen en días especiales, sino en las **rutinas invisibles de todos los días**.

LUCIA BARRIOS

CAPÍTULO 8

Nuestros hijos, barro en nuestras manos

"Los hijos se convierten para los padres, según la educación que reciban, en una recompensa o un castigo".
-Jean Petit-Senn

Empecemos con la historia de Emiliano.
Es un niño de 7 años que vive con sus padres y su hermanita. Su madre es muy dedicada y forma parte fundamental en las actividades cotidianas del pequeño. Un día cualquiera transcurre más o menos así:

La voz de mamá:

—Emiliano, hijito, ya levántate, es hora... tienes cinco minutos... hijo, te dije que ya te levantaras, ándale, hazlo... ¡Emiliano! ¡Te dije que ya te levantaras!

—Lávate la cara, hazlo bien, con jabón y bastante agua... mójate un poco el cabello...

—Tiende tu cama, acomoda bien la cobija... busca tu uniforme, póntelo, acomódate bien la camisa, fájate, ponte los zapatos, abróchate las cintas, ponte el cinturón, péinate...

—Así no se toma el peine, es por el mango... dámelo, yo te peino...

—Baja a desayunar, siéntate bien, toma una cuchara, sírvete

leche y come…

—No comas con la boca abierta… ten cuidado con el vaso, no lo vayas a tirar…

—Ya termina de comer, porque ya es tarde… recoge tus platos y lávalos, hazlo bien, ponles bastante jabón, enjuágalos…

—Lávate los dientes, apúrate, tapa bien la pasta, sécate con la toalla… agarra tu lonche, toma tu mochila y vámonos…

—Siéntate bien, ponte el cinturón, no toques la radio, pon el seguro a la puerta, déjame oír las noticias…

—Quítate el cinturón, abre la puerta, bájate...

Y luego continúa en la escuela:

—Deja tu mochila en el asiento…

—A formarse…

—Tomar distancia…

—¡Marchar a la izquierda!…

—¡Ahora a la derecha!...

Y la lista de comandas para el pobre Emiliano es interminable. Cuando su madre lo recoge de la escuela, las instrucciones siguen y siguen… hasta que lo agotan. No le queda de otra que rebelarse y empezar a ignorarlas, respondiendo apenas hasta la tercera o cuarta vez que las escucha. Se merece un descanso.

Como padres, estamos agobiados dirigiendo la vida de nuestros hijos, justificándonos con frases como: "si no les digo qué hacer, no lo hacen". Asumimos el precio y tomamos dos caminos: o hacemos todo por ellos, o les ordenamos todo lo que deben hacer.

Estar constantemente diciéndoles qué hacer solo crea desgaste emocional en la relación. Además, fomenta en ellos una sensación de insuficiencia y una dependencia enfermiza con sus padres.

Como dice el dicho: "no le des un pescado, enséñale a pescar". Podemos dejar las cantaletas y ordenanzas inagotables para ocuparnos, en cambio, de formar individuos autosuficientes, independientes, capaces de hacerse cargo de lo único que verdaderamente les pertenece: su cuerpo.

Eduquemos a nuestros hijos para que puedan sobrevivir en el mundo, incluso cuando nosotros ya no estemos. Porque es precisamente ahí, cuando no estemos, donde su "yo" tomará control de su destino.

Esto no es fácil. Requiere esfuerzo, entrega, fortaleza y una firme determinación. Si flaqueamos como padres, no funcionará. Debemos estar convencidos de que queremos cambiar el actuar de nuestros hijos y fomentarles nuevos hábitos. Una vez iniciado el proceso, será necesario llevarlo hasta el final para ver buenos resultados.

Se dice que se requieren aproximadamente 100 días para instalar un hábito, para que el comportamiento se vuelva casi automático. Por ejemplo, cuando ponemos el despertador a la misma hora durante muchos días, llega el momento en el que despertamos incluso antes de que suene. El hábito ya es nuestro.

Podemos ayudar a nuestros hijos, desde pequeños, a organizarse y a hacerse responsables de su entorno y de su cuerpo.

La conducta es moldeable

Cuando los hijos se comportan mal, podemos observar el comportamiento: ¿qué hace? ¿Grita, cierra los puños, llora, patalea, usa un lenguaje inapropiado, golpea o escupe? También podemos medir el comportamiento: ¿cómo lo maneja?, es decir, ¿hasta dónde detiene el mal comportamiento? –"Hasta que le meto un golpe se está quieto"– dicen algunas madres.

El pequeño mide hasta dónde puede con nosotros, y eso depende del estado emocional en el que nos encontremos. Si tuvimos un buen día, seremos tolerantes; pero si el día fue oscuro, explotaremos inmediatamente, y el niño se detendrá porque tiene miedo a la consecuencia: será castigado, golpeado o sometido, entonces cede.

El comportamiento también es cuantificable: ¿cuántas veces se presenta? Por ejemplo, ¿siempre se enoja de esa manera? –"No, sólo cuando vamos a casa de su tía". De esa forma podemos predecir la conducta, es decir, cada vez que vamos a casa de la tía, el niño se enoja y se comporta mal. Así, podemos modificar el comportamiento: cada vez que vaya a casa de la tía, le llevaré un juguete especial para que se entretenga, no se aburra y no se enoje.

En resumidas cuentas, la conducta es **observable, medible, cuantificable, predecible** y **modificable**. Por lo tanto, nosotros tenemos control del comportamiento y podemos influir en el de nuestros hijos.

Factores que influyen en el comportamiento

1. **Él aprende a comportarse:** Como lo mencionamos en capítulos anteriores, la conducta de los hijos es aprendida a través de la observación e imitación en la convivencia diaria familiar. Es decir, aprenden de los demás, y su mayor influencia son los padres.

2. **El temperamento y el carácter** influyen también en la manera en la que el individuo se comporta y cómo reacciona ante determinadas situaciones. Un colérico, por ejemplo, se enoja más fácilmente que un flemático. Cada uno se comporta de cierta manera según las circunstancias.

3. **El comportamiento inadecuado generalmente trae una ganancia secundaria**, ya sea de atención, de poder, de revancha o de insuficiencia. El niño gana al perder.

4. **La autoestima que fomentemos en nuestros hijos también influye en su comportamiento.** Mientras mejor sea su autoestima, mejor será su comportamiento.

5. **El quinto y último punto consiste en entender que podemos influir en el comportamiento de nuestros hijos a través de premios y consecuencias negativas**, lo cual veremos más adelante.

Etapas distintas

Los seres humanos atravesamos por distintas etapas de desarrollo a lo largo de la vida, las cuales influyen en nuestro comportamiento y en el juicio con el que actuamos. Las primeras representan los **cimientos de la vida**, es decir, son sumamente importantes porque determinan el comportamiento del individuo una vez adulto. La forma en que un niño se forma dentro del hogar es la manera en la que se comportará fuera de él —siempre— a menos que, ya en su adultez, aprenda y decida actuar diferente.

Por ejemplo, un adulto que deja la ropa sucia tirada en el suelo, fue un niño que también la dejaba en el suelo; antes la recogía su madre, ahora la recoge su esposa. El primer aprendizaje se queda. Como padres, no podemos arriesgarnos a que nuestros hijos aprendan con la dureza de la vida. El hecho de dejar la ropa sucia tirada puede provocar fuertes discusiones en su matrimonio, discusiones que incluso podrían derivar en un divorcio. Tal vez, después del sufrimiento, reflexione y comience a colocar la ropa en el cesto que le corresponde. Es mejor que, desde pequeños —o al menos en el tiempo que les toque vivir con nosotros—, les enseñemos a comportarse adecuadamente.

Conforme atravesamos cada etapa, vamos cambiando **cognitiva, emocional y conductualmente.**

Hasta los dos años, los niños basan su comprensión del mundo, sobre todo, en los objetos que tocan, chupan, muerden, agitan o manipulan. Tienen muy poca capacidad para representar el ambiente mediante imágenes, lenguaje u otros símbolos. En esta etapa, desarrollan sus habilidades motrices, empiezan a caminar y a controlar su andar. Disfrutan arriesgarse caminando por el borde de la banqueta, saben lanzar una pelota o arrojar objetos.

Se dice que a los dos años se presenta la primera rebeldía —antes de la adolescencia—. El niño puede, por fin, caminar de un lugar a otro sin depender de nadie y… ¿lo limitan? Él quiere correr, saltar, disfrutar su independencia física. Por supuesto que se rebelará. No esperemos que un niño en esta etapa permanezca sentado por mucho tiempo sin hacer nada, eso es incongruente con su desarrollo actual. Lo que quiere ahora es conocer y explorar el mundo.

No quiero decir con esto que debemos dejarlo libre destruyendo por doquier, pero sí podemos entender por qué no se está quieto en todo el día. Ya sabemos que podemos **predecir el comportamiento** según la etapa de desarrollo y **equilibrar el ambiente**. Por ejemplo, podemos poner una barrera en las escaleras para que no se suba y se caiga. Si le decimos que se quede quieto, debemos saber que no lo hará… por eso le ponemos la barrera: por su seguridad. El comportamiento que queremos que predomine en nuestros hijos es el de **salvaguardar su propio bienestar.**

De los **tres a los siete años**, los niños adquieren la fabulosa capacidad de **expresarse a través del lenguaje**. Es maravilloso cuando pueden decir con palabras lo que les duele o lo que desean. Empiezan a estructurar sistemas que les permiten representar o describir personas, sucesos y sentimientos, aunque todavía tienen dificultades para sostener una comunicación estructurada y coherente por mucho tiempo.

En esta etapa comprenden el **pensamiento simbólico**, es decir, pueden imaginar que una escoba es un caballo, o que una caja es una nave espacial. También atraviesan por un periodo de **egocentrismo**: creen que el mundo solo existe desde su propia perspectiva. Como Daniela, una pequeña de tres años que, cuando jugaba a las escondidas y la encontraban, cerraba los ojos; hasta que se cansaba, los abría y debías mirarla fijamente para que se diera por descubierta. Le parecía que si ella no podía ver a los demás, entonces los demás tampoco podían verla. Creía que todos veían lo mismo que ella.

Sus capacidades motrices se han desarrollado notablemente. Corren, brincan, andan en bicicleta, y comienzan a relacionarse con sus pares. Sin embargo, en este proceso de **pulir las relaciones sociales**, debido a su egocentrismo, pueden pelear o agredir cuando los otros niños no cumplen sus deseos.

Entender que atraviesan por esta etapa no significa que debamos solapar toda conducta. **Debemos implementar límites.** Si está agrediendo físicamente a otros niños, debemos detenerlo y enseñarle que esa actitud es equivocada. Aunque su cognición aún es limitada en comparación con la de un adulto, **puede, a través de la reflexión, modificar su comportamiento**. Y es nuestra tarea enseñarle a hacerlo.

De los siete a los doce años, los niños entran en un nuevo periodo: ahora registran grandes avances en sus capacidades lógicas, aunque todavía enfrentan limitaciones importantes. Por ejemplo, se les dificulta entender preguntas de naturaleza abstracta o hipotética.

Las niñas suelen preferir juegos que implican **expresión verbal y conteo en voz alta**, como la rayuela o saltar la cuerda; mientras que los niños tienden a involucrarse en juegos con mayor actividad física, como el juego rudo, bastante común en grupos de esta edad.

Una madre comentaba que desde su casa podía ver todo el parque y se asomaba constantemente para vigilar que sus hijos estuvieran bien. Una tarde, al mirar por la ventana del segundo piso, observó a su hijo "peleando" en la arena con un amigo de su misma edad. La escena parecía intensa, así que bajó las escaleras lo más rápido que pudo, voló prácticamente, y cuando menos pensó, ya estaba en el lugar de los hechos. Pero al acercarse, comenzó a notar **risas y gritos de juego**, más que señales de pelea. Se quedó inmóvil, observando en silencio. Se dio cuenta de que **solo estaban jugando**, no se estaban lastimando. Dio media vuelta y regresó a casa.

Muchas madres no se detienen a **observar antes de intervenir** y llegan gritando o regañando al niño que no es suyo. Es importante entender que en esta etapa los niños **miden su fuerza a través del juego rudo**, pero sin lastimarse. Y si en alguna ocasión se hieren, ellos mismos detienen el juego y atienden al herido.

Saber esto no significa permitir que se agreda a otros con la excusa de que "están en la etapa". Podemos encontrar formas de canalizar esa energía. La misma madre del ejemplo anterior decidió llevar a su hijo a clases de box. El niño se disciplinó muy bien y con el tiempo simplemente **perdió el interés** o **superó esa etapa**

De los 12 años a la edad adulta, el adolescente se encuentra dentro de un **torbellino de cambios** físicos, hormonales, cognitivos y emocionales. Es la primera vez que el hijo comienza a observar panoramas **fuera de su entorno familiar**. Ahora investiga, cuestiona, y empiezan a tener peso las palabras de personajes históricos, maestros o figuras externas a papá y mamá.

Físicamente, su cerebro sigue en desarrollo. La parte del **lóbulo temporal lateral**, donde se registran las emociones fuertes y la segregación de adrenalina, ya está madura. Pero la parte del **lóbulo frontal**, que es donde se toman las buenas decisiones, aún está en formación. Esto pone en bastantes aprietos a nuestros adolescentes: quieren **correr riesgos**, pero no pueden tomar buenas decisiones con claridad.

Además, su cuerpo atraviesa una transformación: aparece el vello, crecen las glándulas mamarias y los testículos, se alargan brazos y piernas, se ensanchan hombros o caderas. Cognitivamente, **se creen adultos**, se les pide que se comporten como adultos… pero de pronto **piensan y se sienten como niños**. Viven en medio de una **tempestad de emociones**: a veces se sienten muy bien, a veces muy mal. Se irritan por pequeñeces, o les dan ganas de llorar por nada. No quieren hacer nada. Y su **reloj circadiano**, es decir, su ciclo de sueño, puede alterarse: se duermen hasta muy tarde y se levantan hasta muy tarde, con más actividad por la noche que por el día.

Actualmente, los aparatos electrónicos han hecho que **perdamos a nuestros hijos en esta etapa**. Viven conectados a sus pantallas, desconectados del entorno presente. Es necesario **prestar especial atención** a este periodo, en el que sin duda nos enfrentaremos a situaciones donde no sabremos qué hacer. Sin embargo, el solo hecho de **entender en qué etapa se encuentra nuestro hijo** nos permitirá reaccionar de una forma más adecuada, con empatía y dirección, para ayudarlo a **superar esos momentos con amor y firmeza**.

De la adultez temprana a la adultez tardía, el individuo se encuentra en la **búsqueda de cimientos**: encontrar una pareja con quien formar un hogar, tener hijos e iniciar una vida juntos. Por lo tanto, se enfocará en **proveer a la familia**, o en su caso, en atender a los hijos. En esta etapa son importantes **los bienes materiales y el estatus social**: se busca invertir en una buena casa, en educación para los hijos, en proyectar una buena imagen.

Generalmente, en esta etapa **se inicia la carrera de ser padre o madre**, y la responsabilidad que esto implica **ayuda a madurar al individuo** de manera importante. Ya no solo ve por sí mismo, sino también por aquellos que dependen de él.

En la vejez, la última etapa, el ser humano se encuentra en una especie de **cierre de su vida**. Las cosas materiales ya no son lo más importante, sino el **bienestar de los demás**: los hijos, los nietos, si los hay. Se vuelve **menos tolerante**, y aparece una regresión emocional en la que, como al inicio de la vida, **vuelve a colocarse en el centro del universo**. Un anciano y un niño pequeño pueden pelear durante horas… por trivialidades.

Debemos entender primero que **padres e hijos nos encontramos en distintas etapas del desarrollo**, por lo tanto,

nos comportamos de manera diferente y tenemos sueños y panoramas distintos.

Por ejemplo: tu hijo está atravesando la etapa del egocentrismo, mientras tú estás en la adultez temprana, buscando trabajo y tratando de comprar una casa. O bien, tu hijo está en la adolescencia, buscando su identidad y su rumbo, mientras tú ya entraste en la adultez tardía, y deseas que estudie una carrera **más redituable** que la que ha escogido. El saber que **estamos en tiempos distintos** nos permite **ajustar expectativas**, ampliar la mirada y llegar a soluciones que beneficien a ambas partes.

Por otro lado, creer que alguien puede comportarse mal o humillar la dignidad del otro solo porque atraviesa una etapa es un error. Justificar que un niño de tres años golpee a otros porque está en la etapa egocéntrica, o que un adolescente le grite o empuje a su madre porque "está en una etapa difícil", **también es un error**.

Aunque la etapa parezca complicada, el comportamiento **siempre puede ser medido, guiado y encauzado**, como el **barro en las manos del alfarero**.

Impactando la conducta

Los investigadores del comportamiento han encontrado métodos de condicionamiento que permiten moldear la conducta mediante estímulos positivos o negativos. Es decir, el comportamiento de nuestros hijos puede ser modificado a través de un plan de pérdidas y ganancias que les señale el camino a seguir.

En el siglo pasado, por accidente, un médico fisiólogo que estudiaba el funcionamiento del estómago en los animales descubrió que el comportamiento es influenciable, predecible y modificable. En su experimento, el científico Iván Pavlov presentaba a un perro un atractivo trozo de carne detrás de una ventana, que después podía saborear. Cada vez que se le mostraba el estímulo, sonaba una campana. En cierto momento, Pavlov tocó la campana sin presentar la carne, y el perro empezó a salivar. El comportamiento se presentó, aunque el estímulo ya no estaba.

Después de este descubrimiento, surgieron muchos otros estudios en los que se condicionaron palomas y otros animales. Uno de los más recientes y conocidos es el de César Millán, el llamado "encantador de perros", quien a través del condicionamiento ayuda a educar tanto a los animales como a sus dueños para que puedan entenderse y vivir mejor.

Al comportamiento lo precede una razón y lo sigue una consecuencia. En el caso del perro, escuchaba la campana y empezaba a salivar porque anticipaba recibir la carne. Posteriormente, aunque ya no recibiera el trozo de carne, seguía salivando. En las competencias caninas, por ejemplo, cada vez que un perro logra una maniobra, el entrenador le da una galleta; si la tarea requiere mayor esfuerzo, le da dos o más. El perro busca la galleta, por lo tanto, realiza la conducta. Si hace algo inapropiado, como defecar dentro de casa, recibe una consecuencia negativa: se le saca afuera. Pero cuando evacúa afuera, se le premia, así se refuerza la conducta deseada. Aun cuando deje de recibir premios, la conducta positiva suele prevalecer.

Estos hallazgos han dado pie a la construcción de técnicas útiles para mejorar el comportamiento infantil y educar sin recurrir a métodos violentos como golpes, gritos o humillaciones. A continuación, se presentan tres técnicas de condicionamiento eficaces para moldear el comportamiento de nuestros hijos:

1. Retirada de Atención

Como vimos en el capítulo cinco, una de las ganancias del mal comportamiento puede ser la atención. Si el niño la recibe sólo cuando se porta mal, la mantendrá. La técnica de retirada de atención consiste precisamente en lo contrario: retirar la atención de lo negativo y concentrarla sólo en lo positivo.

Cada vez que se presente el mal comportamiento, se eliminará del panorama visual, como si no existiera. Cuando el niño recupere el buen comportamiento, entonces recuperará nuestra atención.

Veamos la historia de Karla. Era una niña de cuatro años, hermosa, inteligente y bien portada, la primera hija y muy consentida. Sin embargo, comenzó a actuar de forma distinta. Se alejaba y, cuando le preguntaban qué tenía, iniciaba una cantaleta: "soy una tonta, inútil, nadie me quiere". La primera vez que la escucharon, sus padres se alarmaron. Le aseguraron con dulzura que era amada e inteligente. Pero la conducta se intensificó con el tiempo. A veces respondían con dulzura, otras veces ya fastidiados la regañaban o castigaban.

Un día, en el preescolar, Karla hizo un berrinche monumental porque no quería formarse en la fila. Otro día, en el supermercado, al no poder recibir un chocolate, lo arrojó al suelo, gritó y su madre, vencida por la mirada de los demás, se lo compró. Karla triunfó. La madre, rota, lloró en silencio al sentirse manipulada.

En casa, el berrinche se repitió. Durante dos horas, todo giró en torno al mal comportamiento. Los padres, angustiados, acudieron al psicólogo. La asesoría fue clara: Karla había aprendido que el berrinche traía resultados. La solución: ignorar el mal comportamiento. Cuando iniciaba su cantaleta, la madre no la volteaba a ver. En público, se apartaba un poco, cruzaba los brazos, sonreía con media luna y esperaba. Una vez que Karla se calmaba, la madre se acercaba, la miraba a los ojos y, con voz suave, retomaba el diálogo.

Además, una hora al día estaba dedicada a jugar con Karla, en lo que ella eligiera, sin gastar dinero. Este tiempo, siguiendo sus instrucciones, reforzaba su vínculo y comunicación.

El cambio fue evidente. Karla dejó los berrinches. Un día, al no recibir atención tras su cantaleta, se acercó y preguntó: "¿no me vas a hacer caso?" La madre respondió con firmeza: "mientras hables así, no". Karla comprendió. La conducta desapareció.

Esta técnica funciona con niños menores de siete años. Es clave que el adulto no esté alterado, que hable con firmeza y no brinde ninguna atención al mal comportamiento. Una vez que el niño se calme, se debe reconocer su conducta positiva. El objetivo es que aprenda a regular su temperamento y a relacionarse adecuadamente.

2. Tiempo fuera

El tiempo fuera consiste en aislar brevemente al niño del lugar donde ocurre el mal comportamiento para que reflexione sobre sus actos.

Martín, un niño amigable, golpeaba a otros niños si tomaban sus juguetes. La madre lo había permitido al principio, pero los golpes ya lastimaban. Dejó de llevarlo a reuniones y buscó ayuda profesional. Le recomendaron que, cada vez que Martín golpeara, lo llevara a un lugar apartado por cinco minutos (uno por cada año de edad). Al terminar el tiempo, debía explicarle con calma el motivo de la sanción y elogiarlo cada vez que compartiera sus juguetes.

La primera vez fue caótica: forcejeos, llanto, cansancio. Pero al final, Martín entendió. La segunda vez fue menos difícil. La tercera vez, fue solo a sentarse. Reconoció su error y esperó su abrazo. El comportamiento fue desapareciendo.

3. Economía de fichas

Esta técnica es ideal para niños mayores de siete años. Se inicia identificando el comportamiento que queremos fomentar y el que deseamos eliminar, de manera clara y específica. Luego se describen paso a paso las conductas esperadas.

Por ejemplo, la madre de Emiliano quería que él se alistara solo para la escuela sin instrucciones constantes. Le explicó detalladamente: levantarse, lavarse la cara, quitarse la pijama, ponerse el uniforme, tender la cama, desayunar, etc.

Después, se arma una lista de reforzadores positivos, que aumentan progresivamente. Si cumple tres días: una paleta; seis días: frituras; dos semanas: invitar a un amigo; tres meses: premio mayor (una tableta, por ejemplo). Si no cumple, hay consecuencias negativas como no ver su programa favorito.

Estas deben ser claras e inapelables, pero también flexibles: el niño debe tener la posibilidad de recuperarse. Si desde el principio pierde la esperanza de ganar, se desmotiva.

Ejemplo: regla de no llegar después de las 10:00 p.m., premio: asistir a la fiesta. Si un día llega a las 10:15, aunque el resto de la semana haya cumplido, no debe ir a la fiesta. Si cedemos, la técnica pierde eficacia. Cumplir la consecuencia es lo que hace que la técnica funcione. La semana siguiente, seguramente cumplirá todos los días.

Estas técnicas son efectivas, pero requieren constancia y determinación.

Puntos a considerar:

- Observar la conducta nos permite identificar dónde y cuándo se presenta.
- Predecirla nos ayuda a intervenir oportunamente.
- Las técnicas de retirada de atención, tiempo fuera y economía de fichas son herramientas eficaces para moldear la conducta de nuestros hijos.

Actividades

1. Diario de observación conductual

Durante una semana, observa un comportamiento específico de tu hijo que te gustaría mejorar (por ejemplo: interrumpe constantemente, grita al no obtener lo que quiere, no comparte). Anota en una libreta:

- ¿Cuándo ocurre?
- ¿Qué lo provoca?

- ¿Cómo respondes tú?
- ¿Qué resultado obtiene el niño?

Este ejercicio te ayudará a identificar si está obteniendo una ganancia secundaria y qué patrones debes modificar.

🎯 2. Prueba una técnica por 7 días

Elige una de las técnicas explicadas (Retirada de atención, Tiempo fuera o Economía de fichas). Aplícala de forma constante durante una semana. Al final del día, reflexiona y escribe:

- ¿Cómo te sentiste al aplicarla?
- ¿Cómo reaccionó tu hijo?
- ¿Qué fue difícil?
- ¿Qué notaste diferente?

Esta práctica permite integrar lo aprendido a la vida cotidiana.

🎨 3. Construyan juntos un "Cuadro de logros"

Con cartulina o una hoja visible en casa, dibujen juntos un cuadro donde el niño pueda ir marcando sus avances (por ejemplo: días sin berrinche, días que se vistió solo, etc.). Acompáñalo de palabras de aliento y stickers o dibujos.
Al ver sus logros reflejados visualmente, se reforzará su autoestima y sentido de logro.

CAPÍTULO 9

Comunicación: cómo establecer conexiones emocionales con nuestros hijos

"No hay nada que se pueda comparar a la palabra y la comunicación; no hay nada comparable a poderle hablar a la persona adecuada, en el momento adecuado, cuando la persona a quien se habla tiene ganas de escuchar y quien habla desea hablar."

— Carmen Martín Gaite

La palabra "comunicar" significa compartir algo, poner algo en común. Es abrir el alma, revelar lo que llevamos dentro, exponer nuestras ideas y pensamientos a los demás. La comunicación adecuada puede salvar una nación, pero si es inadecuada, puede ser su perdición.

La única manera en la que podemos conocer el pensamiento de alguien es a través de la comunicación. Si queremos saber lo que nuestros hijos piensan, debemos escucharlos. Y si queremos que ellos sepan lo que nosotros pensamos, debemos decírselos.

La comunicación es esencial para la supervivencia. Tanto los seres humanos como los animales hemos desarrollado un sistema que nos permite compartir información constantemente. Desde los inicios de la humanidad, incluso cuando el lenguaje hablado aún no se desarrollaba completamente, el ser humano ya se comunicaba por medio de señas y sonidos, organizando estrategias para salir a cazar.

En la historia de la Torre de Babel, se dice que Dios dividió las lenguas porque no le agradó que los hombres estuvieran tan organizados para construir una torre que casi llegaba al cielo. Esto, leído entre líneas, revela algo poderoso: cuando la comunicación se maneja correctamente, nos da poder, influencia y control... tanto que podríamos llegar hasta el cielo.

La comunicación siempre está presente. Es imposible no comunicar. Incluso en el silencio, estamos comunicando. ¿No te ha pasado alguna vez que alguien dice algo aparentemente bueno sobre ti, pero en lugar de sentirte bien, te hace sentir mal? Es porque la intención también se comunica.

Con nuestros hijos, nuestro pensamiento es básico, porque lo que pensamos también se transmite. Si creemos que está haciendo una tontería, es muy probable que lo tratemos como a un tonto, aunque no le digamos la palabra. El ser humano, aun sin hablar, comunica su verdadera intención.

Componentes de la comunicación

Toda comunicación tiene como finalidad transmitir o intercambiar ideas, opiniones o información, ya sea por medio del habla, la escritura o los signos. El objetivo siempre es influir en el otro. Este proceso incluye varios componentes: emisor, contexto, canal, código, mensaje y receptor.

En la familia sucede igual. El **emisor** es quien envía el mensaje: la persona que tiene una idea o pensamiento que desea compartir. El **contexto** es el lugar donde se lleva a cabo la comunicación. No nos expresamos igual en la iglesia que en una cancha de fútbol. Si un niño tira palomitas en la iglesia, probablemente le diremos de manera inmediata y cordial que las recoja y las tire a la basura. Pero si las tira en el campo de tierra donde juega fútbol, tal vez lo regañemos a gritos... o tal vez no digamos nada. De recogerlas, ni hablamos.

El **canal** es el medio por el cual enviamos el mensaje. Es común escuchar:

—Ve y dile a tu hermano que recoja su ropa sucia, por favor. En ese caso, el canal es el hermano: es quien lleva el mensaje. Pero muy a menudo ese mensaje llega distorsionado:

—Dice mi mamá que recojas tu ropa sucia del suelo, que no seas cochino, y que lo hagas rápido. ¡Órale, va!

El canal altera por completo el contenido y la intención del mensaje.

Después tenemos el **código**, que es el conjunto de señales o sonidos que usamos. Por ejemplo, cuando no queremos llevar al niño a comprar algo a la papelería, pero tenemos que hacerlo porque es escolar. Le decimos que sí… pero torcemos los ojos haciendo una mueca. O cuando hablamos por teléfono con nuestro adolescente usando un tono más rígido o autoritario para exigirle que llegue a tiempo.

Luego está el **mensaje**: el pensamiento que queremos expresar.

—Hijo, no debes golpear a tu hermana— no es lo mismo si lo decimos con una voz cálida y amable, a si lo gritamos en tono agresivo y lo encerramos entre signos de exclamación.

Por último, tenemos al **receptor**, quien recibe el mensaje. En la familia, eso también tiene sus matices. Si quien habla es el padre, el niño probablemente pondrá atención. Pero si es su hermano, puede que lo ignore.

El canal puede influir mucho. Si el mensaje llega alterado por el hermano, el niño puede sentirse menospreciado y responder con enojo o reclamo. El código también impacta: si el niño percibe por tu lenguaje corporal que lo llevas a la papelería a regañadientes, aunque le dijiste que sí, probablemente se sienta mal. El mensaje debe ser claro. A veces les damos instrucciones en secuencia:

—Recoge tus zapatos, levanta el plato, limpia la mesa y lávate los dientes—.

Y los niños no saben por dónde empezar. Cuando llegan a la parte de "lávate los dientes", ya olvidaron lo de los zapatos. El mensaje debe ser claro, corto y directo. Cuanto más concisos seamos con nuestros hijos, más efectiva será la comunicación.

Tipos de comunicación

Existen dos tipos de comunicación: la digital y la analógica. La comunicación digital se refiere a las palabras que usamos o escribimos, es decir, cómo nos dirigimos a nuestros hijos: si les decimos "mi amor", "hermoso", "inteligente" o, por el contrario, "tonto", "estúpido" o "inútil".

La comunicación analógica se refiere al lenguaje corporal: a los gestos, posturas y tonos con los que expresamos lo que sentimos. Si colocamos las manos en la cintura con los puños cerrados, estamos imponiendo autoridad desde el enojo. En cambio, si abrimos los brazos y nos acercamos, estamos invitando a un abrazo. El lenguaje corporal es una de las áreas más estudiadas en la actualidad. Se ha comprobado que las palabras representan solo el 7% del contenido total de un mensaje; el lenguaje no verbal representa el 55% y el tono de voz, el 38%. Así que, la próxima vez que alguien nos diga "soy todo oídos", probablemente solo nos esté brindando el 7% de su atención real.

Lo que les decimos a nuestros hijos tendrá mayor trascendencia si también lo modelamos con nuestras acciones. Si no queremos que dejen los zapatos en la sala, mostremos con nuestro comportamiento dónde y cómo deben colocarlos.

Por otro lado, el lenguaje tonal hace referencia al volumen, ritmo y entonación con que emitimos nuestras palabras. No hablamos igual en una iglesia durante un funeral que en un estadio lleno, con una tambora a unas filas de distancia. En la iglesia, probablemente susurremos; en el estadio, gritaremos a todo pulmón.

Además, el tono emocional influye profundamente en el mensaje: si estamos enojados, diremos con aspereza "¡recoge los zapatos!"; si estamos cansados, saldrá en un tono bajo y sin energía: "recoge los zapatos…" El dicho lo resume bien: *no duele tanto la mentada, sino la tonada.*

La comunicación padres e hijos

Según la teoría del diálogo tónico, desde que nace el bebé está diseñado para acomodarse en las coyunturas del cuerpo de su madre: puede descansar su cabeza en el hombro, el pecho, las piernas o los brazos. No es casualidad que se alimente del pecho materno en su primera etapa de vida. Este contacto físico favorece el desarrollo de su tono muscular, pero también establece un vínculo comunicacional fundamental.

La madre, desde el inicio, interpreta el tipo de llanto de su bebé y responde de forma oportuna. Esta sensibilidad mutua permite al niño desarrollarse mejor tanto física como emocionalmente.

En un hospital, una enfermera de pediatría cuidó a un recién nacido cuya madre había muerto en el parto. El bebé estaba al borde de la muerte, pero la enfermera lo sostenía todos los días en brazos para transmitirle calor corporal. Inexplicablemente, el bebé mejoró y sobrevivió. El contacto corporal comunica amor, seguridad y pertenencia. Un abrazo puede decir mucho más que mil palabras.

La comunicación descompuesta

En la familia, muchas veces los problemas nacen de una comunicación deficiente. Aquí algunas formas en que puede volverse patológica:

1. **El silencio total**. Aunque no se hablen, los miembros de una familia se siguen comunicando. El silencio puede decir: "no me interesas", "estoy enojado" o "estoy triste". Por eso el dicho "el que calla, otorga". Hay hogares donde se viven cosas atroces —como el abuso infantil— a plena vista, sin que se digan. Se anulan el diálogo, la interacción y la convivencia.

2. **El rechazo a hablar**. A veces, tras un evento doloroso, preferimos no hablar de ello. Eso puede deberse a que aún no lo procesamos. En otras ocasiones, el silencio es por miedo o protección. Por ejemplo, los niños abusados sexualmente suelen callar por amenazas. O los padres, creyendo proteger, no comparten problemas financieros. Pero el no hablar crea barreras que después son difíciles de derribar. Hermanos que no convivieron de niños, rara vez lo harán de adultos.

3. **La impenetrabilidad**. Cuando cerramos los canales emocionales. Por ejemplo, una madre llora y, al preguntarle su

hijo qué le pasa, ella responde: "no pasa nada", mientras se limpia las lágrimas. El niño ve la tristeza, pero se le dice que no existe. Así aprende a negar sus emociones incluso ante sí mismo.

4. **La descalificación**. Se da cuando siempre invalidamos o minimizamos lo que nuestros hijos hacen o dicen. "Sí te quiero, pero…" El *pero* anula todo lo anterior. "Eres inteligente, pero desordenado". "Estás bonita, pero no como tu prima". Estas frases van minando su autoestima. Algunos niños se rebelan buscando agradar toda su vida sin lograrlo; otros aceptan ser "menos" y se resignan a vivir así.

5. **Los niveles**. Se refiere a que la comunicación solo se vuelve efectiva cuando alcanza cierta intensidad. El niño aprende a obedecer cuando la madre grita, o la madre solo reacciona si el hijo llora a gritos. A veces hasta que se da un golpe es que se logra una conducta. Esta forma de comunicación refuerza respuestas disfuncionales.

6. **El síntoma**. Algunas familias se comunican a través de enfermedades o malestares. Una madre fingía estar enferma para que sus hijos limpiaran la casa; con el tiempo, ellos también fingían síntomas para evitar responsabilidades. Hay hijos que inventan tragedias o enfermedades para recibir atención. Así, los síntomas se vuelven el lenguaje de la familia.

7. **El doble vínculo**. Se da cuando, sin importar lo que haga el hijo, nunca logra complacer. Como la nuera que intenta agradar a su suegra cocinando lo que le gusta. Si lo hace de una forma, le critica la sopa. Si lo cambia, critica la ensalada. Siempre hay un "pero", aunque finjan aprobación. El descalificado busca aceptación, el otro lo rechaza fingiendo que todo está bien.

Aun si la comunicación familiar está muy dañada, siempre se puede reparar. Basta con que uno de los padres empiece a hacerlo distinto. Si reconocemos que nuestra comunicación es patológica, investiguemos cómo sanarla. Establecer vínculos emocionales reales con nuestros hijos es el primer paso. Solo así la comunicación volverá a ser ese lazo que une profundamente a la familia.

Comunicación con sentido

Para comunicarnos con nuestros hijos no basta con hablarles ni siquiera con escucharlos. Necesitamos aplicar toda nuestra atención, todo nuestro ser. Necesitamos estar **presentes**. Porque comunicar con sentido es, sobre todo, **escuchar con el alma**.

Y por escuchar no me refiero únicamente al oído. Si solo usáramos los oídos, estaríamos ofreciendo apenas el 7% de nuestra atención. Escuchar de verdad implica usar los cinco sentidos. Implica abrir los ojos, el corazón, y todo nuestro cuerpo a lo que los hijos nos están diciendo... incluso cuando no dicen nada.

1. Observa (Vista)

Con solo mirar a nuestros hijos, ya estamos escuchando mucho de lo que viven.

Una cortada en el codo, el cabello despeinado, el pantalón con polvo, las manos manchadas, un zapato sin amarrar, los ojos llorosos o la expresión caída de los labios… son señales que gritan lo que las palabras callan.

Observar es ver más allá de lo evidente. Es notar que quizá se tropezó y cayó, que no tuvo tiempo de peinarse porque despertó tarde, o que está triste sin saber cómo explicarlo. **Escuchar con los ojos es una forma de abrazar el alma.**

2. Escucha (Oído)

Cierra los ojos. Solo escucha su voz. ¿Cómo suena? ¿Tiembla? ¿Está aguda, grave, suave o fuerte? Una voz quebrada puede ser un corazón con miedo. Una voz agresiva puede esconder frustración

.Y no son solo palabras; es la elección de cada una: los dichos que repite, las muletillas, los silencios…

Cuando escuchamos de verdad, descubrimos el tipo de personas con las que se rodea, lo que sueña, lo que le duele y también lo que lo hace vibrar.

Escuchar con el oído es mirar su mundo interior.

3. Huele (Olfato)

El olor también comunica.

Acércate a tu hijo, huele su cabello, su ropa, su piel.

Podrías notar si sudó en la escuela, si estuvo corriendo, si le hace falta una ducha o si usó perfume. A veces, un olor extraño, como a cigarro o alcohol, te habla de lugares o compañías que aún no ha sabido contarte.

Escuchar con el olfato es oler la verdad aunque esté disfrazada.

4. Toca (Tacto)

El contacto físico en las familias a veces se va perdiendo, y sin darnos cuenta dejamos de tocar a quienes más amamos.

Un abrazo al llegar a casa puede revelar mucho más de lo que imaginas.
¿Está frío? ¿Acalorado? ¿Responde al abrazo o se pone tenso?

A veces el cuerpo se protege cuando el alma se siente sola. **Escuchar con el tacto es leer las emociones escritas en la piel.**

5. Habla (Gusto)

Después de mirar, escuchar, oler y tocar, entonces sí… habla.

Ahora puedes decir:

–¿Te caíste? ¿Estás bien?

–Te siento triste, ¿quieres hablar?

–Hueles a cigarro… ¿estuviste con alguien que fuma?

–¿Vienes caminando? Estás muy caliente.

Cuando llegamos a ese punto, el diálogo se convierte en algo más que una orden o una queja: se vuelve conexión. Porque hablar sin escuchar es lanzar palabras al viento. Pero hablar **después** de escuchar, es sembrar semillas en tierra fértil.

Muchos padres se quejan diciendo: *"ya le dije mil veces, pero no entiende"*, sin darse cuenta de que la comunicación necesita ida… y también vuelta.

Solo hablar no basta. Para que nuestros hijos nos escuchen, también debemos escucharlos. Porque hablar de corazón a corazón requiere silencio, respeto y apertura.

Mientras más sepas escuchar, más te buscarán tus hijos en momentos de crisis.

Porque tener alguien con quien hablar sin miedo, sin censura, sin juicio…

es un regalo tan poderoso que hay quienes pagan por recibirlo.

Una comunicación efectiva

Para mejorar los canales de comunicación en la familia es necesario desarrollarlos poco a poco, integrando todo lo aprendido hasta ahora y poniendo en práctica algunas recomendaciones clave:

Primero: **al escuchar, evita interpretar.**

Si vemos a nuestro hijo cabizbajo, con los hombros caídos y el paso lento, solemos pensar de inmediato: "seguro está triste", "algo le pasó", "quizá está enfermo o lo asaltaron". Pero en realidad, lo único que observamos es lo evidente: su postura.

Interpretar sin preguntar nos puede alejar de la verdad. Mejor, acércate y pregunta con ternura: *¿cómo estás? ¿qué te pasó?*

Escuchar sin interpretar es escuchar con respeto.

Segundo: **no te proyectes en lo que tu hijo dice o vive.**

A veces creemos que todo gira en torno a nosotros. Si nuestro hijo está enojado, asumimos: "yo no le hice nada".

También sucede que proyectamos nuestros sueños frustrados sobre ellos: como las madres que llevan a sus hijas a concursos de belleza, pero es la madre quien anhela la corona, no la niña.

Dejemos que nuestros hijos vivan su propia historia. No les heredemos nuestras carencias no resueltas.

Tercero: **evita juzgar**.

El juicio siempre lleva una sentencia. Y nuestros hijos no son culpables de nuestra impaciencia.

En lugar de señalar, orientemos. En lugar de etiquetar, guiemos con justicia y empatía.

No hay mayor libertad emocional para un hijo que saberse aceptado sin condiciones.

Cuarto: **permite que exprese sus emociones**.

Escucha con atención. Atiende su necesidad. No intentes cambiarlo, moldéalo con amor.

La aceptación de los padres es tierra fértil para el desarrollo emocional.

Dile seguido que lo amas tal como es. Hazle saber que ser su padre o madre te llena de alegría.

Las palabras positivas siembran raíces de autoestima.

Quinto: **cuida cómo hablas de él y con él**

.Hazlo siempre con respeto. Siempre habrá algo bueno que decir de nuestros hijos.

Habla de sus talentos, de sus logros, de lo que admiras en él, aunque aún esté en formación.

Sexto: **ponte en sus zapatos**.

La empatía no es solo comprender, es sentir desde el otro.

Es mirar con sus ojos, pensar con su mundo, y reconocer su derecho a ser diferente.

La empatía es la puerta hacia relaciones familiares profundas y duraderas.

Séptimo: **enseña el valor de pedir perdón**.

Una madre compartía que cuando sus hijos eran pequeños y peleaban, ella les decía: *"¡Pídanse perdón!"*

Más grandes, les decía: *"¡Arréglenlo!"*

Y ya adultos, ellos decían entre sí: *"Vamos a arreglarlo. Perdóname."*

Pedir perdón, reconocer errores y perdonar es una de las mejores herencias emocionales que podemos dejar.

Incluso como padres, también nos equivocamos. Y cuando lo hacemos, pedir perdón a nuestros hijos no nos debilita, **nos humaniza**.

Octavo: **sé claro y específico con límites y reglas**.

No dejes espacio para la confusión. Las reglas deben ser bien definidas y comprobadas.

Una técnica útil es decir: *"Repite lo que entendiste que debes hacer."*

Cuando hay claridad, no hay excusas ni justificaciones. Y eso da seguridad.

Porque cuando abrimos los canales de comunicación, cuando dejamos de hablar "a nuestros hijos" y empezamos a hablar "con ellos", ocurre la magia: **sanamos el pasado, ordenamos el presente y construimos el futuro**.

Nuestros sentidos tienen el poder de transformar realidades. **Solo basta decidir usarlos con amor y presencia.**

Puntos a considerar

- La comunicación es el arte de compartir una idea y ponerla en común.
- Se vuelve patológica cuando no existe, es rechazada, es impenetrable o se da a través de síntomas, niveles o descalificaciones.
- El doble vínculo genera confusión emocional y deteriora la autoestima.
- Escuchar con los cinco sentidos, evitar juzgar, interpretar o proyectarnos, practicar la empatía y la claridad… son claves para una comunicación transformadora.

Actividad: ***"Escúchame, no me ignores"***

Se requieren al menos dos personas. Una será A y otra B.

1. A pensará en un problema importante que esté atravesando y se lo contará a B.

2. Pero B hará todo lo posible por **no escucharlo**: caminará, se distraerá, fingirá atención, pero no estará presente. A no debe rendirse: debe luchar por ser escuchado. Luego cambian papeles.

3. Ahora B hablará de su problema y A será quien ignore.

4. Por último, repiten la dinámica, pero esta vez ambos escucharán **con plena atención** y darán una retroalimentación amorosa, reflejando que el otro fue realmente escuchado.

Esta actividad confronta, desde la vivencia, lo que muchas veces hacemos con nuestros hijos: **ignorarlos sin querer**.

Y nos muestra el inmenso poder de escuchar con todos los sentidos abiertos.

CAPÍTULO 10

Resolución de Conflictos Familiares

"Nuestros fracasos no son la consecuencia de las veces que perdemos, sino de los conflictos que no queremos resolver"
– Lucía Barrios

A lo largo de la vida es natural atravesar momentos adversos; sin embargo, la manera en que respondemos ante ellos está profundamente influenciada por nuestra personalidad y por el aprendizaje que recibimos en casa. Por ejemplo, si ante una discusión el padre abandona la casa y la madre se queda llorando, es probable que los hijos aprendan ese mismo patrón de reacción: huir o victimizarse.

La forma en la que enfrentamos los conflictos se aprende en el hogar. Es cierto que un temperamento colérico tiende a enfadarse con mayor facilidad que un flemático, pero ambos pueden ser educados emocionalmente: al primero se le puede enseñar a regular su reacción para no volverse agresivo, y al segundo, a expresar lo que siente con mayor firmeza, sin caer en la pasividad.

En la vida familiar es normal atravesar crisis; lo que define su impacto no es su presencia, sino nuestra actitud ante ellas. Toda crisis puede ser una puerta al crecimiento o una grieta hacia la destrucción. Los japoneses lo entienden bien: la palabra "crisis" también significa "oportunidad". Un conflicto en casa puede convertirse en el terreno donde la familia se fortalezca, se reorganice y crezca en unidad. Pero si respondemos evadiendo, refugiándonos en adicciones, silencios o ausencias, solo abonamos al deterioro. Peor aún, enseñamos a nuestros hijos a hacer lo mismo.

¿Qué es un conflicto?

Un conflicto es un desacuerdo que surge por la oposición entre dos o más personas. Suele aparecer cuando alguien sostiene una idea con firmeza y se encuentra con quien piensa distinto. Es una diferencia de opiniones, creencias o intereses que choca y provoca tensión.

Un ejemplo global es el conflicto en Medio Oriente, donde las discrepancias religiosas han provocado siglos de guerras y dolor. Cada parte cree tener la verdad absoluta y niega la del otro. En el ámbito familiar, los conflictos pueden no parecer tan extremos, pero cuando no se resuelven, también generan heridas profundas: cuestan años de distancia emocional, mutilan los lazos y deshacen la armonía del hogar.

Por pequeño que parezca, un conflicto no atendido puede convertirse en una avalancha silenciosa. Pero también, cuando es mirado con honestidad, puede ser el inicio de una nueva etapa más consciente y fortalecida para todos los miembros de la familia.

Conflictos familiares

Las personas que más amamos se encuentran dentro de la familia. Las interacciones diarias entre padres e hijos, así como entre hermanos, hacen que crezcan los lazos filiales y se fortalezcan durante toda la vida. Pero también, en ese mismo núcleo tan íntimo, pueden encontrarse quienes más daño nos han causado: los que más nos han herido, los que amamos y odiamos al mismo tiempo. A veces, es nuestro propio hermano.

Hay incontables historias de hermanos que han dejado de hablarse por años, incluso viviendo en la misma ciudad, a causa de un conflicto no resuelto. Lo más triste es que estos problemas no solo afectan a los involucrados, sino que se heredan silenciosamente a las siguientes generaciones, privándolas de momentos de convivencia, perdón y amor.

Creemos erróneamente que el amor entre hermanos surge de forma natural, pero no es así. Somos los padres quienes debemos enseñarles a amarse, a respetarse y a perdonarse. Es normal que entre ellos existan rencillas, desacuerdos y momentos de crisis, pero también existen formas sanas de actuar ante los conflictos.

En una ocasión, dos hermanitos, Emiliano y Fernanda, discutían constantemente. Una tarde, Fernanda, visiblemente molesta, se acercó a su madre. Durante más de media hora, expresó su enojo y tristeza: decía que su hermano la avergonzaba frente a sus amigos, que no compartía sus cosas, pero sí tomaba las de ella, y entre lágrimas concluyó que sentía que su hermano no la quería. La madre, al principio, sintió molestia hacia Emiliano. Sin embargo, se serenó, y cuando su hija terminó de hablar, fue a escuchar a su hijo. Él, por su parte, relató su versión de los hechos, señalando también que sentía que su hermana no lo quería.

La madre, con sabiduría, los reunió y les dijo: —He hablado con cada uno por separado y me he dado cuenta de algo muy importante: ustedes se aman profundamente, por eso les duele tanto lo que está pasando. Pero, aunque se quieren, no se respetan. El respeto es tan esencial como el amor. No basta con amarse; hay que aprender a tratarse con respeto.

Con ejemplos sencillos y reales, les explicó el valor del respeto. Y así, los pequeños no solo se pidieron perdón, sino que aprendieron a cuidar el vínculo que ya existía: el amor. A veces, los padres no vemos estos detalles y, sin darnos cuenta, creamos barreras entre los hijos, ya sea tomando partido por uno, haciendo favoritismos evidentes o invalidando sentimientos. Cuando no se resuelven a tiempo, los conflictos se transforman en heridas, distancias y resentimientos que pueden durar décadas.

Por eso, es fundamental aprender a manejar los conflictos familiares de manera tolerante, comprensiva y constructiva. Así, podemos enseñar a nuestros hijos a enfrentar los desacuerdos con sabiduría, y no con evasión o violencia.

En la familia, los conflictos pueden surgir por detalles tan pequeños como dejar la pasta dental destapada o la tapa del baño levantada. Estos "pequeños grandes detalles" en la vida conyugal pueden, si no se abordan adecuadamente, convertirse en motivos de separación.

Cuando dos personas con costumbres, historias y estructuras familiares distintas deciden compartir un hogar, los ajustes no siempre son fáciles. Si no aprendemos a hablar, a negociar, a ceder y a resolver, esos conflictos domésticos pueden minar la relación poco a poco.

Un conflicto, en esencia, nace del deseo de reconocimiento y control. Cuando no sabemos cómo resolverlo, solemos imponer nuestra voluntad. Si el otro se somete, el conflicto termina… pero a costa de su dignidad. Si se opone, es común que surja la violencia como medio para imponer el poder. En la familia, los padres —por jerarquía y fuerza— tenemos ventaja, y muchas veces la usamos para castigar, manipular o someter. Pero ese control no educa, solo daña.

En la familia, lo que le pasa a uno afecta a todos. Es un sistema vivo, conectado. En él puede haber un "desestabilizador": un hijo que constantemente rompe las reglas, genera quejas de maestros, llega tarde a casa, reta las normas. Ante él, los padres solemos estar siempre a la defensiva, esperando lo peor… y obteniéndolo. Así, sin quererlo, reforzamos el conflicto y dejamos de atender sus verdaderas necesidades.

Por otro lado, solemos tener al hijo "estabilizador": el que equilibra, que es obediente, responsable y funcional. En él depositamos nuestras expectativas y lo convertimos en mediador de la paz familiar. Pero ese rol, aunque parece positivo, también puede convertirse en una carga demasiado pesada.

Resolver un conflicto no es fácil, pero mucho menos lo es cuando le damos a los hijos roles que no les corresponden. Una familia que evade los conflictos, que desdibuja sus límites o que asigna tareas afectivas incorrectas a sus miembros, se desequilibra. Tal como lo aprendimos en el capítulo uno, cuando una familia no tiene una dirección clara ni metas comunes, inevitablemente se sumerge en conflictos internos que la fragmentan desde adentro.

Tipos de conflictos

En el transcurso de la vida familiar, hay situaciones —esperadas o imprevistas— que pueden detonar conflictos. Una de las más comunes es el divorcio o la separación de los padres. Sin duda, esto representa una crisis profunda. El dolor, la frustración y la desilusión por la que atraviesan los adultos suelen impedirles, al menos durante un tiempo, atender emocionalmente a sus hijos.

En algunos test psicométricos aplicados a niños cuyos padres se están separando, surgen respuestas alarmantes: muchos de ellos se sienten culpables por la ruptura. Piensan que, si se hubieran portado mejor o sacado mejores calificaciones, su papá no se habría ido de casa. Esta interpretación les deja una carga muy dolorosa: sienten que la desintegración familiar fue su responsabilidad. Afrontar este dolor puede ser abrumador incluso para un adulto, mucho más para un niño. Y aunque se trate de hijos ya mayores, ver a los padres separarse nunca es un proceso sencillo de asimilar.

Otro conflicto frecuente es la infidelidad conyugal. Aunque no todas terminan en divorcio, sí generan una crisis emocional muy profunda. En algunos casos, lamentablemente, los hijos son involucrados como si fueran aliados o testigos. Recuerdo el caso de una madre que, sumida en el dolor, quería contarle a sus hijos sobre la aventura de su esposo para que se volvieran en su contra. Por fortuna, logró detenerse a reflexionar y comprendió que eso sólo les haría daño. Decidió entonces resolver su duelo sin arrastrar a los niños. Finalmente, la pareja trabajó en su relación, sanó, permanecieron juntos… y los hijos no resultaron heridos.

El conflicto económico también sacude con fuerza la estructura familiar. Como dice el refrán: "cuando la miseria entra por la puerta, el amor sale por la ventana". La pérdida de empleo, la disminución de ingresos o la incertidumbre económica generan un nivel de estrés tan alto que termina por estallar en forma de peleas, reproches y tensiones entre padres e hijos.

Otro ejemplo: cambiar de escuela. Aunque puede parecer algo

menor, es un evento que puede provocar inestabilidad en los hijos. Adaptarse a nuevos compañeros, profesores o ambientes que quizás no sean amables, puede generar frustración, miedo, enojo o retraimiento. Todo esto afecta directamente la armonía en casa.

Y, por supuesto, una de las crisis más fuertes que puede atravesar una familia: la muerte de un ser querido. Si para los adultos ya es difícil comprender la muerte, para los niños lo es aún más. La ausencia de quien se ama deja vacíos que transforman por completo el comportamiento de la familia. Recuerdo a un padre que contaba cómo la muerte de su perrita, quien estuvo más de quince años con ellos, afectó profundamente a sus hijos. Aunque sabían que su muerte era inminente, el dolor fue devastador. Meses después, uno de los pequeños necesitó hacer un ejercicio de cierre para aliviar su tristeza. Si el fallecimiento de una mascota duele tanto, perder a un padre, madre, abuelo o tío resulta infinitamente más duro. En estos casos, buscar ayuda profesional para transitar el duelo no es un lujo, sino una necesidad emocional.

Generadores de conflictos

El conflicto puede nacer de mil formas. Y su evolución depende, sobre todo, de cómo reaccionan quienes lo viven: puede solucionarse y desvanecerse… o perpetuarse como una sombra silenciosa que nunca se va. Cuando el conflicto no se resuelve, ya no se busca solucionarlo: se busca ganar, tener la razón, imponerse. Esto convierte los hogares en campos de batalla, donde los combates no tienen tregua.

Como padres, podemos estar atentos a ciertas señales que hacen más vulnerable a la familia frente al conflicto.

Una de las principales es la **mala comunicación**. Recuerdo una pareja que tuvo una fuerte discusión porque nadie fue a recoger a su hija a la escuela. Ambos creían haberlo resuelto. Uno dijo haber enviado un mensaje preguntando si debía ir por ella, a lo que —según él— su pareja respondió: "no, voy yo". Pero el otro aseguró haber escrito: "no voy por ella". La diferencia de una sola palabra causó un problema enorme. Cuando el mensaje no se transmite correctamente, el conflicto es inevitable.

Las distintas **etapas del desarrollo humano** también pueden detonar conflictos. Por ejemplo, la famosa etapa de los "terribles dos años", donde los niños empiezan a caminar, explorar y decir "no" a todo. O más adelante, la adolescencia, esa etapa en la que descubren el mundo, cuestionan lo que se les ha enseñado y confrontan. Un ejemplo muy claro es el choque entre creencias religiosas y teorías científicas. A un hijo se le enseña que el ser humano viene de Adán y Eva, y de pronto en la escuela descubre la teoría de Darwin, que afirma que venimos de una evolución animal. Estas diferencias pueden generar tensiones familiares intensas.

Otro generador constante de conflictos es la **competencia entre hermanos**. Los hijos compiten por nuestra atención, y muchas veces no lo notamos. Una madre relataba cómo sus dos hijos mayores peleaban constantemente. Acudió al psicólogo desesperada. Él le explicó que los niños se peleaban por su atención, así que le recomendó que, la próxima vez, les dijera que salieran al patio a pelear… y cerrara la puerta. Ella obedeció. Lo sorprendente fue que al quedarse sin público, los niños dejaron de pelear al instante.

Como padres, también solemos sentir más empatía por uno de los hijos y, sin querer, inclinamos la balanza a su favor. Esto genera tensiones, envidias y rechazo entre hermanos. Lo paradójico es que el enojo rara vez se dirige hacia los padres, sino hacia el hermano favorecido. Por eso, debemos cuidar nuestra equidad. Y recordar que con dos brazos se puede abrazar a todos los hijos al mismo tiempo.

Por último, y no menos importante: **la violencia en casa**. Cuando se impone la autoridad con gritos, golpes, castigos severos o humillaciones, la familia entra en un estado de conflicto permanente. Los hijos, incapaces de rebelarse o defenderse, se someten... y aguardan el momento de huir.

Si hemos caído en estas formas violentas de relación, es urgente pedir ayuda profesional. El cambio comienza por nosotros, como padres. Solo así podremos sembrar un ambiente de armonía que transforme nuestro hogar.

Solución de conflictos

No resolver los conflictos familiares puede llegar incluso a afectar nuestra salud física, emocional y mental. Por eso es imperante aprender y aplicar herramientas prácticas para darles solución. A continuación, comparto contigo un plan sencillo pero poderoso que te ayudará a entender, visualizar y encaminar la solución a cualquier conflicto en el hogar:

1. Analiza la situación.

El primer paso es definir con claridad cuál es el conflicto. Esto implica observarlo desde distintos ángulos, como si lo colocaras frente a ti en tercera dimensión, dándole vueltas y reconociendo quiénes son los involucrados y cómo está actuando cada uno. Si descubres que hay varios conflictos encadenados, empieza por lo más urgente sin descuidar lo importante. Uno por uno, paso a paso.

2. Reconoce tus emociones y reacciones.

Pregúntate: ¿qué estoy sintiendo ante este conflicto? ¿Cómo estoy reaccionando? Algunos padres nos sentimos decepcionados y respondemos con indiferencia, dejando de hablarle a nuestros hijos o castigándolos de forma seca. Otros reaccionamos desde la ansiedad, enfermándonos o haciendo dramas para atraer la atención. Hay quienes nos enojamos y golpeamos. Sea cual sea la forma en la que reaccionas, es importante identificarla y asumir el control de ella. La gestión emocional del adulto es clave.

3. **Escucha y comunica.**

Escuchar con atención te permitirá conocer el punto de vista del otro. Para abrir canales de solución es necesario expresarse con respeto, sin atacar, y con un lenguaje emocionalmente imparcial. Conocer lo que el otro siente, piensa y necesita nos ayuda a entender el verdadero origen del conflicto. Tal como ocurrió con Emiliano y Fernanda, quienes creían que no se querían, pero en realidad lo que no sabían era cómo respetarse.

4. **Sé objetivo y enfócate en las soluciones, no en los culpables.**

Muchas veces llegamos agotados a casa y lo último que queremos es escuchar quejas o problemas. Entonces reaccionamos con castigos automáticos, sin comprender el fondo. Por ejemplo: dos hijos discuten, y en vez de mediar, los mandamos castigados a su cuarto. Esa no es una solución, es una evasión. Necesitamos aprender a ser imparciales, contemplar lo que sienten todos los involucrados y buscar acuerdos que den tranquilidad emocional al sistema familiar.

5. **Elabora una lista de posibles soluciones.**

Piensa en varias salidas, valora los pros y contras de cada una. No te encierres en una sola opción. A veces no hay soluciones perfectas, pero sí caminos más convenientes que estabilizan el ambiente familiar. Tal vez no todos estén felices con la decisión tomada, pero si permite la paz y el respeto, es una buena elección.

6. Aplica y ajusta.

No te frustres si la primera opción no funciona. Sé flexible. Intenta otra, y otra más si es necesario. Con los hijos, no podemos cansarnos de intentar. No podemos darnos por vencidos. Educar es un arte que se repite y se reinventa todos los días.

7. Observa el resultado… y disfruta.

Cuando les mostramos a nuestros hijos que los problemas pueden resolverse, les damos una herencia emocional invaluable: la capacidad de enfrentar sus propios conflictos con autonomía, responsabilidad y paz. No se trata de protegerlos en una burbuja ni de resolverles todo. Se trata de equiparlos para que, cuando estén solos frente a la vida, sepan cómo superar cualquier obstáculo.

A veces, como padres, nos frustramos tanto que nos convertimos sin querer en los principales enemigos de nuestros hijos. Los culpamos, los señalamos, los avergonzamos y hasta los rechazamos. Recuerdo un programa de radio con Fernanda Familiar donde una mujer relataba, con gran dolor, su situación: su hijo de 23 años era adicto a las drogas. Ella decía con resignación: "me salió así". Fernanda, con su carácter firme, le preguntó: "¿Y desde cuándo está así?". La mujer contestó: "Desde los 13 años". Entonces Fernanda le dijo: "¿Y dónde estabas tú todo ese tiempo?". La mujer no supo qué responder. Finalmente, entendió que no era que su hijo "le hubiera salido así", sino que ella había estado ausente durante una década.

Muchos padres evadimos los problemas de nuestros hijos por miedo, por ignorancia o por agotamiento emocional. A veces no sabemos qué hacer, qué decir ni cómo sentir. Pero lo que no es aceptable es quedarnos con los brazos cruzados. Si no sabes cómo ayudar, busca apoyo, pide orientación, capacítate, infórmate. Hoy más que nunca, existen recursos y profesionales dispuestos a acompañarte.

Como padres, debemos ser **agentes activos** en la solución de conflictos. Somos el modelo que se graba en el corazón de nuestros hijos. Si mostramos diálogo, empatía, autocrítica y constancia, ellos aprenderán a resolver, a sanar y a crecer.

Porque al final del día, una familia no se construye con perfección... se construye con voluntad, escucha, paciencia y amor.

Puntos a considerar

El conflicto, como todo proceso humano, **nace, crece, se desarrolla y puede transformarse hasta desaparecer**... o puede quedarse anclado, expandiéndose silenciosamente y afectando a todos los miembros de la familia.

A lo largo de la vida familiar se presentan distintos tipos de conflictos: el divorcio, la infidelidad conyugal, los problemas económicos o las pérdidas emocionales. También hay factores que generan tensión, como la falta de comunicación, las diferencias generacionales, la competencia entre hermanos o las etapas de desarrollo que atraviesan padres e hijos.

Por ello es fundamental que los padres **aprendan a enfrentar y resolver los conflictos**, desarrollando habilidades como: analizar la situación, entender las emociones propias y ajenas, escuchar activamente, ser objetivos, generar alternativas de solución, ejecutar con flexibilidad y transmitir aprendizajes a sus hijos. Solo así podremos preparar a las nuevas generaciones para **enfrentar con inteligencia emocional los retos de la vida**.

Actividad: Técnica de inoculación del estrés

Esta técnica psicoterapéutica permite a los padres **reconocer cómo reacciona su cuerpo ante el conflicto** y aprender a manejarlo de manera más saludable. Se trabaja en tres pasos: tensión corporal, respiración y visualización.

1. Activación corporal cruzada

Los participantes deben colocarse de pie. Se les pedirá que tensionen y suelten distintos grupos musculares de forma cruzada, para estimular ambos hemisferios del cerebro.

El orden sugerido es:

- Chamorro izquierdo y antebrazo derecho
- Chamorro derecho y antebrazo izquierdo
- Muslo izquierdo y brazo derecho
- Muslo derecho y brazo izquierdo
- Glúteo izquierdo y hombro derecho
- Glúteo derecho y hombro izquierdo
- Mano izquierda y cuello del lado derecho
- Mano derecha y cuello del lado izquierdo
- Finalmente: estómago, mandíbula, nariz y entrecejo

Cada tensión y relajación debe repetirse dos veces. Esta parte permite **liberar tensión física acumulada**.

2. Respiración 4x4

Una vez relajado el cuerpo, se realiza la respiración 4x4: Inhalar en 4 tiempos, mantener el aire 4 tiempos, exhalar en 4 tiempos, y esperar 4 tiempos antes de volver a inhalar. Repetir 3 veces.

3. Visualización y resolución del conflicto

Ya con el cuerpo relajado, se invita a los padres a **cerrar los ojos y visualizar un conflicto familiar que estén atravesando.** Se les guía para que imaginen el problema desde diferentes ángulos, como si pudieran moverlo en tercera dimensión. Se recorren mentalmente los siete pasos de resolución que ya se han trabajado.

Para cerrar, se hace una respiración profunda y se regresa lentamente al presente.

Cierre emocional

Es importante abrir un pequeño espacio para compartir: ¿qué vieron?, ¿cómo se sintieron?, ¿qué descubrieron?

Esta técnica puede despertar emociones profundas, por lo que se recomienda beber mucha agua al terminar y descansar si el cuerpo lo pide. Escucharse a uno mismo es también una forma de sanar.

CAPÍTULO 11

Los padres, escudo de protección contra las adicciones

"Los hijos tienen un espacio en su corazón para ser llenado por sus padres. Si no lo ocupan ellos, otra cosa, cualquiera, puede hacerlo... y esa sensación de estar llenos puede causarles adicción y dependencia." — Lucía Barrios

Cuando se les pregunta a madres y padres a qué edad creen que sus hijos tendrán su primer contacto con el alcohol, las respuestas suelen variar. La mayoría piensa que será en la adolescencia, entre los once y quince años, justo cuando comienzan a socializar con amigos fuera de casa. Sin embargo, la realidad es muy distinta.

Te contaré la historia de Juanito.

Una noche, mucho antes de que Juanito naciera, su madre salió a una fiesta con amigas. Tomó algunas copas y, en medio del ambiente, conoció a quien sería el padre de su hijo. Esa misma noche, Juanito fue concebido. Con alegría, la pareja organizó una pequeña reunión para compartir la noticia. Los amigos, emocionados, llevaron botellas de vino para celebrar.

Durante el embarazo, la madre se abstuvo de beber alcohol, como lo recomendó el médico. Pero el padre, gran aficionado a las fiestas, continuó celebrando. Semanas después del nacimiento, la madre se quejaba de tener poca leche, y una comadre le sugirió un "remedio" casero: tomar cerveza para mejorar la producción. Y así, sin pensarlo demasiado, comenzó a tomar una o dos cervezas por semana.

Cuando llegó el bautizo, organizaron una gran fiesta. El padrino, entre risas y copas, mojó sus dedos en vino y los llevó a los labios del pequeño. Juanito hizo gestos de molestia, pero el padrino, entre carcajadas, dijo: "¡Le gustó!"

Con los años, los cumpleaños de Juanito siempre estuvieron acompañados de vino, cerveza y alcohol en abundancia. Y cada vez que el compadre llegaba de visita, el padre le pedía a Juanito que le llevara una cerveza bien fría. Al principio, solo la alcanzaba. Después, aprendió a destaparla. Más adelante, la probaba antes de entregarla. Un traguito nada más. Al fin, "solo era para probar".

Juanito creció, y cuando ya era capaz de ir solo a la tienda, el padre le encargaba las cervezas. Aunque era menor de edad, don Pedro, el tendero, los conocía de toda la vida y no le ponía peros. Así, el camino de Juanito a la tienda comenzó siendo por las cervezas de su padre… hasta que un día fueron por las suyas propias.

Una tarde, en una fiesta de secundaria, un grupo de amigos se quejaba porque no podían conseguir alcohol, ya que todos eran menores. Juanito no dudó en decir que él lo conseguiría. Don Pedro creería que eran para su papá. Y así fue. Ese día marcó el inicio de una nueva etapa: Juanito ya no solo reproducía el patrón… comenzaba a hacerlo suyo.

Entonces, la pregunta se transforma:

¿A qué edad realmente tienen nuestros hijos contacto con el alcohol?

Las respuestas cambian cuando miramos con detenimiento la historia.

Tipos de adicciones

Una adicción es el hábito de conductas peligrosas o del uso de determinados productos, en especial drogas, y del cual no se puede prescindir o resulta muy difícil hacerlo por razones de dependencia psicológica o incluso fisiológica. Es un hábito que domina la voluntad de la persona.

Los tiempos han cambiado, y junto con los avances científicos y tecnológicos, también ha avanzado la elaboración de sustancias tóxicas que pueden causar adicción en nuestros hijos. Por eso, los padres debemos estar constantemente actualizados en la información referente a este tema.

Según la Organización Mundial de la Salud, el alcoholismo es una enfermedad incurable, progresiva y mortal. Generalmente, el hijo de un alcohólico puede tener dos reacciones: una, como se mencionó antes, sería imitar el comportamiento del padre convirtiéndose en un alcohólico también. Otra puede ser que la multitud de problemas y malos ratos vividos con un alcohólico le provoque rechazo evitando completamente su consumo. En el asunto de los hijos, no podemos arriesgarnos a ver si el hijo desarrolla la capacidad para evitar la adicción; debemos nosotros prevenir el riesgo. En el momento en que nos demos cuenta de que como padres tenemos un problema de alcoholismo, debemos buscar ayuda. Es imperativo.

Otra de las adicciones más frecuentes es el tabaquismo, que, aunque actualmente se ha restringido su uso en lugares públicos, también es socialmente aceptado. Se ha comprobado que al fumador pasivo —que es la persona que, aunque no fuma, convive constantemente con un fumador activo— se le dañan los pulmones en igual o mayor medida que al fumador. Es decir, los hijos de padres fumadores que fuman delante de ellos pueden morir de enfisema pulmonar sin haber probado un cigarro nunca en su vida. Esta adicción, además de dañar a la familia emocionalmente, lo hace también en su salud física.

El uso de marihuana, cocaína, heroína, metanfetaminas, inhalantes y otras drogas duras son adicciones que también pueden provocar destrucción en el hogar e incluso la muerte de quien las consume. Estas, por sus síntomas, tal vez sean fáciles de detectar; sin embargo, hay otros tipos difíciles de reconocer, como las *drogas auditivas*, en donde a través de escuchar frecuencias de sonido a altos o bajos decibeles se activan ciertas áreas del cerebro que hacen alucinar y alejarse de la realidad como si estuvieran drogados. También, para no ser descubiertos, los adolescentes optaron por consumir el alcohol de manera diferente: como ingerirlo a través de los ojos, en el lagrimal; o las niñas, mojando los tampones en alcohol y colocándolos en la vagina para absorberlo, evitando así el aliento alcohólico y el regaño de los padres.

Actualmente, el cristal (metanfetamina) ha ganado presencia alarmante en zonas urbanas y fronterizas. Su bajo costo, su efecto estimulante y su rápida capacidad de generar dependencia la han convertido en una de las drogas más consumidas por adolescentes y jóvenes. Según la ENCODAT 2016-2017, el consumo de metanfetaminas en México ha incrementado de manera preocupante, y en algunos estados se ha duplicado en los últimos cinco años. Muchos adolescentes inician su consumo por "curiosidad", otros para "aguantar más tiempo despiertos", y en muy poco tiempo pierden el control de su voluntad. Esta droga produce alucinaciones, paranoia, daños severos al sistema nervioso central y deterioro físico evidente en poco tiempo.

Otro caso crítico es el del fentanilo, un opioide sintético hasta 50 veces más potente que la heroína, cuya presencia ha crecido peligrosamente en América del Norte y está llegando a México. El gran riesgo del fentanilo es que se presenta muchas veces mezclado con otras sustancias como la cocaína o el éxtasis, sin que el consumidor lo sepa, provocando sobredosis letales incluso en la primera dosis. En lo que va de los últimos tres años, se han reportado miles de muertes en Estados Unidos y ya se están documentando en nuestro país. La facilidad con la que esta sustancia se introduce en el cuerpo sin consentimiento, y su efecto casi inmediato sobre el sistema respiratorio y cerebral, lo convierten en una amenaza real y cercana para nuestras familias.

Además de la adicción a sustancias, también se presentan adicciones a los videojuegos, algo muy común entre los adolescentes de este tiempo. Una madre relataba en cierta ocasión que su hijo de catorce años había sufrido desmayos repentinos después de permanecer largas jornadas frente al televisor jugando videojuegos. El doctor le dijo que podía morir si continuaba en ese ritmo de vida y le restringió el uso del aparato. Sin embargo, contaba que su hijo se levantaba en la madrugada, cuando todos dormían, para jugar a escondidas. Aunque se le había advertido que podía morir, no podía parar de jugar.

También están las adicciones al internet o a las redes sociales, así como a la pornografía, que ahora se encuentra al alcance de una tableta o computadora. Asimismo, se puede presentar la adicción a la comida, que es una manera en la que nuestros hijos pueden disminuir la ansiedad. Existen muchísimos tipos de adicciones, de diferentes trasfondos e impactos. Es necesario, como padres, estar constantemente informados sobre las nuevas drogas y mecanismos de evasión que surgen cada día. Prevenir es proteger. Y en estos tiempos, más que nunca, la protección se llama información.

Señales de alerta ante una adicción

Los síntomas de una adicción pueden estar presentes desde el inicio, aunque muchas veces se manifiestan de manera tan sutil que pasan desapercibidos. Por eso, como padres, debemos aprender a leer entre líneas, a escuchar con el corazón y observar con atención. Uno de los primeros indicios suele ser la pérdida de interés por actividades que antes les entusiasmaban: deportes, salidas con amigos, proyectos escolares. Aquello que les daba alegría comienza a dejar de importar.

Empiezan a aislarse, a evitar el contacto familiar y a buscar la compañía de personas que comparten o facilitan su adicción. Es común notar cambios en su apariencia: lucen desaliñados, menos cuidadosos de su higiene o vestimenta, porque su energía está centrada en su dependencia. Algunos bajan de peso de forma abrupta, otros suben, dependiendo de la sustancia o conducta implicada.

A menudo aparecen "nuevos amigos" que generan desconfianza en los padres. Y cuando se les confronta, responden con evasivas, irritabilidad o incluso con furia. Niegan rotundamente que exista un problema, porque muchas veces ellos mismos no lo ven: están atrapados en una negación inconsciente que les impide dimensionar el daño. En estos casos, los padres debemos ser guías amorosos, pero firmes, ayudándoles a mirar con honestidad lo que está ocurriendo.

Si descubrimos que nuestro hijo está consumiendo alguna sustancia o inmerso en una conducta adictiva, no es momento de castigos impulsivos ni de juicios. Es un grito de auxilio. Ese descubrimiento es, en realidad, un llamado urgente: nos indica que la adicción ya ha tomado el control, y que por más que intente detenerse, ya no puede. La compulsión lo domina, incluso por encima del miedo a ser descubierto. Aquí ya no basta con hablar: es imprescindible buscar ayuda profesional, sin demora.

Cuando el alma de un hijo está siendo arrastrada por una adicción, no basta con vigilarlo… hay que rescatarlo. Y para eso, primero debemos mantenernos alertas. Ser padres atentos no es sinónimo de controlar, sino de acompañar, observar y actuar con sabiduría para evitar que el dolor escale y destruya lo que más amamos.

Factores de riesgo

Existen factores de riesgo que pueden propiciar y contribuir al desarrollo de adicciones en la familia. Si se detectan a tiempo, pueden evitarse para conservar la salud en el hogar.

1. **La genética.**

Algunas investigaciones científicas han demostrado que la predisposición a la adicción al alcohol o a alguna sustancia tóxica como la cocaína o la heroína puede ser hereditaria, es decir, se transmite de padres a hijos a través de los genes. Tal vez nos lamentemos al descubrir una adicción en nuestros hijos diciendo que nosotros no consumimos, sin embargo, puede ser que alguno de los abuelos o tíos sí la padezca, y esa herencia haya llegado hasta ellos. Si como padres detectamos que existe cierta vulnerabilidad genética, es necesario evitar que nuestros hijos prueben esa sustancia, ya que es mucho más probable que se enganchen a ella.

2. La violencia dentro del hogar.

También es un factor de riesgo para las adicciones. Cuando un niño o adolescente tiene baja autoestima, es mucho más susceptible a ser presa de la influencia de los demás. Generalmente, los muchachos que pertenecen a una pandilla lo hacen porque se sienten solos o abandonados, y es ahí donde encuentran una familia que los acepta y reconoce tal como son. Por ejemplo, en esta historia: entra el padre a la cocina y ve a su hijo adolescente haciendo unos dibujos en un cuaderno. Enfadado por su aspecto, el padre le grita:

—Todo el día me parto el lomo trabajando para comprarte los cuadernos, y me doy cuenta de que los desperdicias garabateando puras tonterías. ¡Levántate y vete a tu cuarto a hacer algo productivo!

En cuanto el muchacho se levanta, la cantaleta continúa:

—Mira nada más qué feos se te ven esos pantalones a mitad de la nalga, se te ve el calzón… ¡te ves sumamente ridículo!

El hijo no contesta, solo toma su cuaderno y se sale. Camina rumbo a la esquina, donde sus amigos, desde lejos, ya le empiezan a decir:

—¡Qué bien se te ven esos pantalones! ¿Dónde los compraste? Yo quiero unos iguales.

Cuando les enseña sus dibujos, se emocionan diciéndole que están muy bien hechos y que debería pintarlos en la barda del vecino. Al cabo, ellos le avisarán si aparece la policía.

Frente a estos dos escenarios, ¿en dónde crees que prefiera estar el hijo? Lógicamente, en donde lo traten mejor: en la pandilla de la esquina. El menospreciar, maltratar, sobajar y agredir física, psicológica y emocionalmente a nuestros hijos solo los empuja a los brazos de las adicciones. Acerquémonos a ellos, no los hagamos huir de nosotros.

3. La indiferencia.

Creer que los hijos ya saben lo que hacen o que son responsables de su propia vida, y que es mejor no interferir, es una justificación perfecta para los padres desinteresados e indiferentes.

Una mujer comentaba que durante su adolescencia empezó a consumir marihuana con un grupo de amigos con quienes se juntaba todas las tardes. Algunos padres de esos jóvenes se enteraron de la situación y decidieron unirse y hacer algo al respecto. Se organizaron y contactaron a los demás padres para ponerlos al tanto de lo que estaban haciendo sus hijos, animándolos a tomar acciones para apoyarlos y rescatarlos de la adicción.

Cuando se presentaron con su padre, este respondió de forma agresiva y desinteresada, diciendo que ella era responsable de sus decisiones y pidiéndole que se fuera de la casa, argumentando que una manzana podrida dañaría a las demás y que él tenía otros hijos por los que velar. La abandonó a su suerte. La adicción no solo aumentó, sino que se transformó en el uso de sustancias más fuertes. Contaba que durante muchos años se refugió en la adicción, pero, después de una larga lucha, logró mantenerse sobria y vivir una vida exitosa.

En cuanto a las manzanas que se quedaron en casa, todas se pudrieron, porque el verdadero mal estaba en la indiferencia y desatención del padre, que dicho sea de paso, era alcohólico.

En esta historia, afortunadamente, la chica logró recuperar su vida, pero pudo haber terminado muerta, como muchas otras. Como padres, no tenemos derecho a hacernos de la vista gorda, fingir que no pasa nada o pretender que no es nuestro asunto o responsabilidad, porque sí lo es. Si detectamos algún indicio de adicción en nuestros hijos, debemos luchar por rescatarlos como si nuestra propia vida dependiera de ello.

4. Las amistades.

¿Cuántos de nosotros podemos recordar algo que hicimos y que nunca nos hubiésemos atrevido a hacer si no fuera por nuestro mejor amigo? Durante la adolescencia, la influencia de los amigos y la presión social es determinante en el comportamiento.

Un joven adicto en recuperación relataba que la primera vez que probó drogas su mejor amigo casi lo obligó; insistió tanto que no pudo evitarlo. Desafortunadamente, en su genética existía una predisposición que lo llevó a engancharse casi inmediatamente. Su amigo solo consumió por un tiempo, pero no tuvo problema en dejarlas.

Como padres, debemos estar atentos al tipo de amigos que frecuentan nuestros hijos. Hemos sido dotados de la intuición que nos permite detectar las amistades nocivas. Generalmente, cuando un amigo de tus hijos no te cae bien o te da mala espina, ocúpate del asunto. Más vale prevenir que lamentar.

5. Falta de conocimiento.

La ignorancia es la raíz de muchos males. Es necesario documentarnos sobre todos los tipos de adicción existentes, así como de sus síntomas y consecuencias, no solo para detectarlas, sino para proporcionarles información a nuestros hijos y advertirles sobre su uso.

Según el doctor D.J. Wilmes, experto en adicciones, cuando se trata de prevención no hay garantías. Una familia puede hacer todo correctamente y aún así tener problemas de adicción. Igualmente, familias que hacen todo equivocado pueden no tener ningún caso. La prevención no elimina el riesgo de adicción, pero sí lo reduce.

Siete pasos para proteger a tus hijos de las adicciones

Hace tiempo pasaban un comercial en la televisión sobre una madre que estaba al pendiente de que sus hijos se lavaran las manos antes de comer. Se veía que el niño estaba en la escuela durante el recreo y pretendía tomar su comida con las manos sucias. Justo cuando iba a tocar los alimentos, se escuchaba la voz de la madre diciendo su nombre y pidiéndole que se detuviera. Era como un escudo invisible que alertaba al hijo para no hacer algo indebido.

Sin duda, a todos los padres nos gustaría poder hacer lo mismo, pero la realidad es otra. El día que les ofrezcan drogas a nuestros hijos no será delante de nosotros, ni estaremos ahí para decirles: "No lo hagas".

Por eso debemos dotarlos de herramientas e información para que, cuando se enfrenten a ese momento, puedan decir un tajante "no", aunque estén solos. Ese es nuestro objetivo: que enfrenten la vida con determinación, aun sin nuestra presencia física.

Como dice el doctor Wilmes: en las adicciones no hay garantías. Sin embargo, sí existen algunos factores de protección que pueden prevenir el daño en nuestro hogar. Aquí te los comparto:

---

1. **Hazte presente.**

Para proteger a nuestros hijos de las adicciones es necesario estar presentes. Conocer sus hábitos, sus comportamientos, con quién se junta, quiénes son sus amigos, estar al pendiente de sus olores, su apariencia o sus costumbres, así como de cualquier cambio que se pueda presentar. Conociendo lo normal, lo anormal salta a la vista.

---

2. **Fomenta la buena comunicación.**

Es importante platicar y escuchar a nuestros hijos sobre todos sus asuntos. A veces ellos cuentan cosas sobre sus amigos que nos pueden dar una idea de cómo son y si queremos que sigan frecuentando esa amistad. Recuerda que como padres debemos utilizar los cinco sentidos para comunicarnos con ellos: **Acércate a tu hijo, huélelo, tócalo, escúchalo, obsérvalo y háblale claramente respecto al tema.**

---

3. Documéntate y ten elementos científicos.

Debemos informarnos de todo lo referente a las adicciones y los nuevos métodos o formas de consumo que se están utilizando. El conocimiento es poder, y si dotamos a nuestros hijos de la información necesaria, podemos evitar que caigan en las garras de la adicción.

Al final, cuando estén a solas con su amigo, es ahí donde queremos que digan "no".

---

4. Aplica reglas y disciplina.

Implementar reglas en el hogar les crea a los hijos un ambiente de seguridad que los entrena para enfrentar el mundo exterior.

En cierta ocasión, un chico comentaba que nunca había probado las drogas porque sabía que su mamá lo disciplinaría severamente.

Es necesario que los hijos aprendan que existen límites para todo, y que uno de ellos es el consumo de drogas. Debemos ser claros y recalcar que en nuestra familia **no está permitido** el uso de drogas.
Recuerda: la mejor prevención es la abstinencia, es decir, **no probarlas nunca**.

5. Permite que en el hogar se expresen las emociones.

Cuando los hijos tienen la libertad de hablar sobre sus sentimientos sin ser juzgados, no necesitan buscar refugios donde ser escuchados.

En nuestra cultura, es común que a los hombres se les inhiba en la expresión de sus emociones, señalándolos como débiles o inmaduros.

Tal vez por eso hay más hombres adictos que mujeres —es sólo una conjetura aislada—; sin embargo, si les damos a nuestros hijos apertura para vivir sus emociones dentro del hogar, no necesitarán buscar en otra parte un espacio para expresarlas.

6. Apoya sus sueños.

Además de creer en ellos y reconocer sus habilidades, debemos apoyar sus sueños.

Y apoyar sus sueños significa llevarlos a clases de fútbol, natación o baile tres veces por semana, aunque eso implique sacrificar nuestra telenovela favorita. Significa ayudarlos a ahorrar para comprarse su auto, apoyarlos en la carrera que quieren estudiar, en pocas palabras: **acompañarlos en la carrera de la vida.**

Como la historia del atleta **Derek Redmond**, quien era favorito para ganar la carrera de 400 metros en las Olimpiadas de Barcelona en 1992. Después de estar batallando por un tiempo con una lesión en el tendón de Aquiles, parecía listo para enfrentar y ganar esta carrera.

Sin embargo, justo cuando iba a los 200 metros, sufrió un fuerte tirón en el tendón que lo dejó tirado en medio de la pista, mientras sus competidores lo dejaban atrás.

De pronto, su padre, **Jim Redmond**, salió entre las gradas, lo ayudó a levantarse y lo acompañó a cruzar la meta. Entre los gritos y aplausos, sólo se escuchaba la voz de Derek:

—Tengo que terminar la carrera, papá.

El hombre se acomodó a su lado y lo sostuvo hasta que terminaron juntos.

Derek Redmond no ganó ninguna medalla olímpica, pero él y su padre le mostraron al mundo que **la unión familiar sobrepasa cualquier adversidad.**

Cuando nuestros hijos se refugian en las drogas o el alcohol, es como si cayeran en medio de esa carrera. Nosotros, como Jim, debemos apresurarnos a levantarlos, ser su apoyo y ayudarlos a terminar su meta. Podemos desesperarnos, podemos incluso odiar la adicción, **pero nunca debemos dejar de amar a nuestros hijos.**

---

7. **Convive y pasa tiempo en familia.**

Cuando las personas se sienten aceptadas, amadas y libres en su hogar, difícilmente buscarán otros refugios, otras personas o drogas.

Cuando queremos ganarnos una nueva amistad, lo más común es invitar a esa persona a comer, a tomar un café o simplemente a pasar tiempo juntos.

De la misma manera, es importante pasar tiempo con nuestros hijos, conocerlos y darnos a conocer. Cada momento es una oportunidad para dejarles un nuevo aprendizaje.

Háblale de ti, de tu historia, de lo que has luchado y alcanzado, de las malas experiencias y de cómo las has superado.

Al abrir tu corazón, él abrirá el suyo, y la conexión se dará por sí sola. El tiempo que pasamos con nuestros hijos siempre rinde frutos positivos.

Usemos nuestra intuición para detectar las adicciones en nuestro hogar. Tal vez no sean tan evidentes como traer los ojos rojos o el aliento alcohólico, pero si algo dentro de ti te dice que las cosas no están bien: **alerta, investiga, ocúpate.**

No podemos arriesgarnos a ver si nuestros hijos son lo suficientemente fuertes para levantarse de una adicción. Debemos activarnos como un escudo de protección, entendiendo que una adicción es una **enfermedad**, como la diabetes, y por lo tanto **requiere atención profesional y terapéutica.**

Puntos a considerar

- La educación sobre las adicciones empieza en casa. El ejemplo de los padres pesa tanto como sus palabras.
- Nadie está exento de una adicción. No importa el nivel socioeconómico, la religión o la educación que tengan.
- Una familia puede hacerlo todo bien y aun así uno de sus hijos caer en una adicción. Otra puede hacerlo todo mal y, sin embargo, ninguno de sus miembros caer. La prevención no elimina el riesgo, pero sí lo **reduce**.
- No se trata de criar hijos perfectos, sino de acompañarlos con presencia, amor, límites y conocimiento para que puedan enfrentar la vida sin adicciones.
- El consumo de alcohol, tabaco o drogas no siempre empieza en las fiestas o en la calle: **puede empezar en casa, desde edades muy tempranas, por imitación o permisividad**.

- Las adicciones no se resuelven con regaños o castigos. **Se requiere amor firme, información clara y, muchas veces, ayuda profesional.**

- Tu hijo necesita saber que, si un día cae, tú vas a estar ahí. No para juzgarlo, sino para **ayudarlo a levantarse.**

Actividades reflexivas para padres: activándote como escudo de protección.

1. **Mapa de influencia familiar**

Dibuja un esquema con tu hijo al centro y alrededor coloca las figuras que más lo influyen: familia, amigos, maestros, redes sociales, artistas, etc.

Reflexiona: ¿Qué valores transmite cada figura? ¿Dónde estás tú? ¿Qué lugar ocupas en esa red?

2. **Diario de conversación significativa**

Durante una semana, registra cada conversación que tengas con tu hijo sobre temas que no sean escolares o logísticos.

¿Cuántas fueron realmente cercanas? ¿Cuáles surgieron de forma espontánea? ¿Qué aprendiste de él o ella?

Esto te ayudará a **detectar si hay un canal de comunicación abierto** o si necesitas fortalecerlo.

3. **Documentación activa**

Dedica una hora esta semana a investigar sobre las drogas más comunes entre adolescentes en México (cristal, fentanilo, vapeadores, etc.).

Busca fuentes confiables y guarda al menos tres datos que te parezcan alarmantes o sorprendentes.

Compártelos con tu hijo en un momento de calma, no como sermón, sino como parte de un diálogo. **Haz de la información una herramienta amorosa.**

4. **Contrato familiar de protección mutua**

En una hoja, redacta junto con tu hijo un "contrato de protección mutua".

Él se compromete a cuidarse, pedir ayuda si lo necesita, y tú te comprometes a estar presente, escucharlo sin juzgar y apoyarlo siempre

.Fírmelo ambos. Este ejercicio simbólico puede reforzar la **confianza** y el **sentido de seguridad emocional**.

5. **Visualización: el escudo invisible**

Siéntate en un lugar tranquilo. Cierra los ojos e imagina a tu hijo en una situación difícil, rodeado de presión o tentación. Visualiza que tú no estás ahí físicamente, pero que alrededor de él se forma un escudo de luz con todo lo que le has enseñado: tus palabras, tus límites, tus abrazos, tu ejemplo.

Siente que ese escudo lo protege y le da fuerza para decir "no".

Haz esta visualización cada vez que te sientas impotente. **Confía en lo que sembraste.**

Capítulo 12
Cómo hablar de sexualidad con los hijos

"La verdadera sexualidad no es el simple acercamiento de los sexos, sino el trabajo creador del hombre y la maternidad de la mujer."
–Gregorio Marañón

El sexo es una parte primordial del ser humano, así como de todos los seres vivos de la Tierra. Es parte de la naturaleza y resulta necesario para la propagación de la especie. En el mundo animal, este proceso se rige por el instinto, y su única finalidad es la reproducción. Algunos, como el macho de la araña viuda negra, incluso sacrifican su vida con tal de trascender a la siguiente generación.

El sexo forma parte de nuestras necesidades básicas, al igual que comer, beber o dormir. Nacemos con él, y aunque puede convertirse en una experiencia profundamente placentera, su raíz más instintiva radica en el deseo de procrear, de ser padres, de dar continuidad a la vida.

Actualmente, el bombardeo mediático en torno al tema es abrumador: comerciales de chicles, chocolates, ferreterías, pinturas, y prácticamente cualquier producto, están cargados de connotaciones sexuales. A pesar de esta saturación, el sexo sigue siendo un tema que no se habla con libertad en muchos hogares. Persisten tabúes generacionales que impiden siquiera mencionarlo.

Hablar de sexo con nuestros hijos puede ser un desafío, sobre todo cuando los padres carecemos de elementos informativos para guiarlos adecuadamente en ese camino. Y es que no se trata únicamente del acto sexual, sino de entenderlo como parte de la **sexualidad** integral del individuo.

Sexualidad

La sexualidad está presente en todos los seres humanos. Forma parte de su esencia y abarca factores físicos, biológicos, psicológicos, emocionales y sociales. Se compone de varios elementos: **sexo biológico, sexo de asignación, identidad de género, rol de género, expresión de género, orientación sexual y acto sexual**.

- **Sexo biológico** se refiere a las características físicas y genéticas con las que nace una persona: genitales, cromosomas y hormonas. Es decir, nacer con pene o con vagina, con cromosomas XY o XX, con predominio de testosterona o estrógenos. Este dato es puramente fisiológico y no determina necesariamente la identidad o vivencia subjetiva de la persona.

- **Sexo de asignación** es el que se le otorga al bebé al momento de nacer, generalmente basándose en sus genitales. Si tiene pene se le dice "niño", si tiene vagina, "niña". Sin embargo, esta asignación no siempre coincide con la identidad profunda de quien la recibe.

- **Identidad de género** es la vivencia interna y personal del género tal como cada individuo la siente. Puede coincidir o no con el sexo asignado al nacer. Por ejemplo, una persona puede haber nacido con cuerpo de varón, pero sentirse y vivirse como mujer. Es lo que se conoce como persona transgénero. También hay personas no binarias, que no se identifican ni como hombres ni como mujeres.

- **Expresión de género** es la manera en que una persona manifiesta su identidad a través de su forma de vestir, hablar, moverse o comportarse. No necesariamente está ligada a una orientación sexual, sino a una forma única y personal de expresarse.

- **Rol de género** es el papel que la sociedad asigna a cada persona según su sexo o género. Por ejemplo, se espera que una niña sea dulce, tierna, obediente, y que un niño sea valiente, fuerte y no llore. Estos estereotipos, aunque muy arraigados, son limitantes y muchas veces perjudiciales para el desarrollo auténtico de los niños.

- **Orientación sexual** es la atracción emocional, afectiva y/o sexual que una persona siente hacia otra. Puede ser hacia personas del sexo opuesto (heterosexualidad), del mismo sexo (homosexualidad), de ambos (bisexualidad), sin atracción sexual (asexualidad), entre otras expresiones. Esto no define su valor ni su capacidad de amar ni de construir relaciones sanas.

- **Acto sexual** es el encuentro físico entre dos personas que deciden compartir su intimidad y sus cuerpos de manera voluntaria, respetuosa y consciente. En el caso de los adolescentes y jóvenes, es importante hablar no solo del acto en sí, sino de sus implicaciones emocionales, físicas y sociales.

Hablar de sexo con nuestros hijos, entonces, **implica mucho más que explicar un acto físico**. Es abrir la puerta a su desarrollo como personas completas: libres, respetuosas, informadas, con capacidad de elegir, de cuidarse y de amar con responsabilidad. Es ayudarles a construir una visión sana, digna y humana de su propia sexualidad.

Respuesta sexual Humana

A mediados del siglo pasado se realizaron investigaciones y estudios sobre la **respuesta sexual humana**, es decir, las reacciones del cuerpo ante el acto sexual. Entre los más reconocidos están los realizados por **William Masters y Virginia Johnson**, quienes observaron que la mayoría de las personas reaccionamos de manera similar ante los estímulos en las zonas erógenas. A partir de ello describieron un modelo con distintas fases del ciclo de respuesta sexual: **deseo, excitación, meseta, orgasmo y resolución**.

Durante este proceso, el cuerpo experimenta **cambios físicos**

y fisiológicos como aumento en el ritmo cardíaco, elevación de la temperatura corporal, dilatación de las pupilas, erección del pene en los varones, lubricación vaginal y levantamiento de los pechos en las mujeres, entre otros. Es decir, nuestro cuerpo **está diseñado para responder sexualmente** como parte natural de nuestra biología. No es algo aprendido, ni sucio, ni vergonzoso. Es parte de nuestra naturaleza como seres humanos.

El punto al que queremos llegar es que **somos seres sexuales desde que nacemos**. La sexualidad no inicia en la adolescencia, ni con el primer beso, ni con la primera relación. Está presente desde la infancia, aunque se exprese de forma distinta en cada etapa de la vida. No significa que los niños tengan deseo sexual como los adultos, sino que tienen curiosidad, identidad, placer con su cuerpo, deseo de afecto y contacto. Y eso también es sexualidad.

Por eso es tan importante que **los padres hablemos de sexualidad con nuestros hijos desde pequeños**, de manera gradual, respetuosa y natural, con un lenguaje adecuado a su edad. Porque si no somos nosotros los que sembramos esta información con amor, conciencia y valores, vendrán otros a hacerlo: los amigos, los medios, la pornografía, los influencers... Y no siempre con la verdad, ni con buenas intenciones.

Es preferible que tu hijo se sonroje escuchando la palabra "sexo" de tu boca, a que tenga que aprender de alguien que no lo ama. El silencio también educa, pero muchas veces educa desde el miedo, la vergüenza o la confusión.

Etapas del desarrollo

Nuestros hijos atraviesan distintas etapas a lo largo de su vida, y cada una de ellas presenta necesidades particulares en cuanto a su sexualidad. No es lo mismo hablar con un adolescente que con un niño pequeño; el contenido, el lenguaje y el enfoque deben ajustarse a su momento de desarrollo.

La **primera etapa** es cuando son bebés. Hay un chiste simpático que ilustra cómo, desde muy temprano, comenzamos a formar ideas sobre lo que significa ser niño o niña. Dice así:

Dos recién nacidos están en los cuneros. Uno le pregunta al otro:
—¿Tú qué eres, niño o niña?
—No lo sé… ¿y tú?
—Yo soy niño.
—¿Niño? ¿Cómo sabes que eres niño? No te creo.
—De verdad soy niño, y si no me crees, en la noche, cuando apaguen las luces, me quitaré la cobija y te enseñaré que soy niño.

Al terminar el día, se apagan las luces del cunero y, de inmediato, se escuchan las voces:
—¡A ver, enséñame que eres niño!
—¡Claro que sí! —y al mover la cobija, levanta el pie y le muestra

su calcetín azul—. ¡Mira, soy niño!

Este chiste refleja algo muy real: cuando nuestros hijos están en esta etapa, somos nosotros, los adultos, quienes **reafirmamos su sexualidad a través del rol social que les asignamos.**

Los estereotipos sociales comienzan a delinear su comportamiento desde el nacimiento. Si es niño, todo será azul; si es niña, rosa. Los juguetes, la decoración del cuarto, la ropa, incluso el tono con el que les hablamos. Hoy en día, esta diferenciación se vuelve aún más evidente con las famosas fiestas de revelación de sexo, donde el humo azul indica que "viene un niño" y el rosa, que "es una niña". Y aunque parecen detalles inofensivos o incluso tiernos, con estos actos **empezamos a estructurar su sexualidad y su identidad de género** desde una visión social que muchas veces limita más de lo que acompaña.

La segunda etapa comienza aproximadamente a los dos años, cuando el niño experimenta por primera vez su autonomía: puede desplazarse solo de un lugar a otro y, además, empieza a desarrollar el control de esfínteres. Esta es también la etapa en la que nace la curiosidad, ya que al dejar el pañal tiene más contacto con sus genitales. Así como un día descubrió sus manos, sus pies o su nariz, ahora descubre su pene o su vagina.

La novedad de ese hallazgo puede llevarlo a tocarse, y es ahí donde muchos padres, al verlo, reaccionan con un manazo o un regaño, diciéndole que es un cochino. Pero en realidad, **el niño**

sólo está conociendo su cuerpo. Los que interpretamos mal ese momento solemos ser los adultos, condicionados por nuestras propias experiencias o prejuicios.

Cuando actuamos así, sin querer, estamos enviando un mensaje equivocado. Les enseñamos a sentir vergüenza o rechazo hacia una parte natural de su cuerpo y, peor aún, a no hablar del tema. En lugar de eso, lo que se debe hacer es explicarle al niño, con claridad y ternura, que **esas son partes privadas de su cuerpo**, que sí puede tocar, pero no en público. Se le puede explicar que generalmente tenemos las manos sucias y que eso puede causarle una infección, por lo que es mejor hacerlo cuando se esté bañando.

También es fundamental que desde esta etapa les enseñemos a **llamar a sus genitales por su nombre real**. Si es pene, que no se convierta en pizarrín, pirulí o pito; y si es vagina, que no se disfrace de capullito o cosita. Se llaman pene y testículos, vagina y vulva. Así de claro. Además, debemos enseñarles con firmeza que **nadie debe tocar sus partes privadas bajo ningún motivo**, reforzando su autonomía y su capacidad de protegerse.

Enseguida viene la etapa de los **5 a los 7 años**, una fase marcada por una **gran curiosidad**, tanto por su propio cuerpo como por el de sus pares. Surgen preguntas inesperadas, comentarios espontáneos y, muchas veces, situaciones que nos hacen reír… o sonrojarnos.

Una madre contaba entre carcajadas que, cuando nació su hija más pequeña, sus dos hijos mayores estaban sumamente preocupados porque su hermanita *no tenía pene*. Alarmados, aseguraban que "¡se lo habían cortado!". La confusión era genuina: no sabían que las niñas y los niños tienen órganos sexuales diferentes. La madre, con paciencia y naturalidad, les explicó las diferencias y ellos se quedaron tranquilos. Esta anécdota, tan inocente como reveladora, refleja lo importante que es **hablarles claro, sin prejuicios ni rodeos, cuando ellos manifiestan dudas**.

En esta etapa, además, **los niños comienzan a reafirmar su identidad sexual** al identificarse profundamente con el padre o madre del mismo sexo. Es común ver al niño queriendo vestirse como su papá, usar sus botas, caminar como él; mientras la niña se mira en el espejo, se pone los tacones de mamá, se maquilla o juega a ser ella. Estos gestos son **ensayos amorosos de identidad**, donde los hijos prueban y abrazan su lugar en el mundo.

Enseguida viene el periodo de los **7 a los 9 años**, una etapa conocida en psicología como **latencia**, donde el interés por la sexualidad parece esfumarse. Los niños muestran una aparente apatía frente al tema: a muchos no les interesa "saber nada" del sexo opuesto, incluso pueden rechazarlo abiertamente. Las frases como *"¡guácala, niñas!"* o *"yo no juego con hombres"* aparecen con frecuencia.

En este periodo, los hijos **canalizan su energía hacia el aprendizaje de las habilidades sociales y de género**. Es aquí donde, muchas veces, los adultos refuerzan ciertos estereotipos tradicionales: las niñas ayudan a lavar los trastes o a cuidar a los hermanos, mientras los niños lavan el carro o acompañan al papá a reparar algo. Aunque estas tareas pueden ser valiosas como parte del desarrollo de su autonomía, es importante **cuestionar y abrir el abanico de experiencias** para que ambos géneros aprendan a participar en todas las áreas de la vida familiar, sin limitar su potencial a un solo rol.

Este es un buen momento para fortalecer su autoestima desde la igualdad, sembrando el mensaje de que **ni la sensibilidad es exclusiva de las niñas, ni la fortaleza sólo de los niños**. Aunque en esta etapa el interés sexual esté en pausa, **los valores sobre el respeto, la equidad y el cuidado del cuerpo** siguen construyéndose activamente.

Finalmente llega la etapa de **mayor vulnerabilidad del ser humano**: de la adolescencia a la adultez temprana. Es una etapa clave, marcada por el despertar de la percepción sexual, por la efervescencia de los cambios físicos, emocionales y hormonales. El cuerpo habla por sí mismo, y aunque no siempre se comprende, grita con intensidad.

En las niñas aparece la **menarquía**, la primera menstruación, que no solo es un evento biológico, sino también emocional y simbólico: el paso a una nueva dimensión de su feminidad. En los niños llega la **espermarquía**, la primera expulsión de semen, que puede vivirse con sorpresa, confusión o incluso vergüenza si no ha sido previamente explicada con naturalidad.

Las primeras sensaciones sexuales llegan con fuerza, impulsadas por las hormonas y por un entorno lleno de estímulos. Es también en esta etapa cuando **más dudas emergen**: ¿soy normal? ¿esto que siento está bien? ¿qué esperan de mí los demás? ¿qué espero yo de mi cuerpo y de los otros?

Por eso, más que nunca, **la presencia activa, amorosa y disponible de los padres es fundamental**. Este es el momento ideal para abrir conversaciones reales, directas y empáticas sobre la sexualidad, el consentimiento, la autoestima corporal, los vínculos afectivos y la responsabilidad emocional.

No se trata solo de advertir sobre los peligros, sino de **acompañar con información clara, sin miedo ni juicio**, para que nuestros hijos vivan su sexualidad con respeto, seguridad y amor propio. Porque si nosotros no hablamos con ellos, otros lo harán —y tal vez con mensajes distorsionados, carentes o dañinos.

Educación sexual en casa

En México, más de la mitad de los niños no reciben educación sexual por parte de sus padres. Esta omisión los vuelve vulnerables a recibir información inadecuada, incompleta o francamente dañina. La sexualidad sigue siendo un tema envuelto en tabúes, vergüenza o evasión, incluso para nosotros los adultos, que seguimos cargando dudas no resueltas. ¿Cómo no van a tenerlas nuestros hijos?

Una anécdota divertida —y aleccionadora— ilustra muy bien la importancia de preguntar antes de responder. Un niño entra corriendo a casa y le pregunta a su papá:

—Papá, ¿de dónde vengo yo?

El padre, con cara de incomodidad, le dice:

—Ve con tu mamá… ella te lo explica.

La madre, al escuchar la pregunta, se molesta con el esposo y lo obliga a que él se haga cargo. Tras algunos suspiros, el padre se sienta con su hijo y comienza a explicarle —con lujo de detalle— cómo conoció a su mamá, cómo se enamoraron y cómo, tras un acto sexual lleno de amor, nació él.

Al terminar, el niño lo mira atónito, con los ojos muy abiertos. El padre, preocupado, le pregunta:

—¿Entendiste lo que te expliqué?

Y el niño, luego de pensarlo un poco, responde:

—Sí… pero es que como Pablo, el vecino nuevo, viene de Chihuahua, pensé que yo también venía de ahí.

Esta historia deja una gran enseñanza: antes de contestar cualquier pregunta sobre sexualidad, hay que indagar qué quiere saber el niño exactamente y cuánto sabe ya. En este caso, no era una pregunta sobre sexo, sino de geografía.

Cuando un hijo nos hace una pregunta sobre sexualidad y después deja de hablar del tema, no significa que ya aclaramos todas sus dudas. Más bien puede indicar que nuestras respuestas no le convencieron o que no se sintió cómodo, y por eso buscará información en otro lado. Y ese "otro lado" puede ser una fuente útil… o un gran peligro.

Por eso, es esencial responder siempre con la verdad, pero adaptada a su edad, con un lenguaje accesible y claro. Si inventamos explicaciones como la de la abejita y la flor, o la cigüeña, corremos el riesgo de perder su confianza como fuente de información confiable. Y eso sería un error, porque la búsqueda no termina: simplemente cambiará de interlocutor.

Además, cuando un hijo hace una pregunta sobre sexualidad, **debemos investigar de dónde la trae**: ¿Lo vio en algún programa? ¿Lo escuchó en la escuela? ¿Se lo dijo algún amigo? Saber qué información maneja nos permite construir una respuesta más adecuada, que parta de lo que él ya conoce y le ayude a comprender desde la verdad.

Muchos padres creen que la escuela se encargará de todo. Y sí, en la escuela se habla de órganos reproductivos, desarrollo físico, enfermedades venéreas y anticonceptivos. Pero **no se habla del amor, de la responsabilidad, de la dignidad, de la entrega, del cuidado del cuerpo y del alma.** Esos temas les corresponden a los padres, porque solo en casa se puede hablar desde el vínculo, el ejemplo y el afecto.

Actualiza tu información

Cuando recién salieron al mercado los teléfonos inteligentes, muchas personas —sobre todo las nacidas en el siglo pasado— sentimos que eran complicados, innecesarios o imposibles de entender. Sin embargo, poco a poco los fuimos adoptando, aprendimos a usarlos, nos adaptamos y hoy forman parte de nuestra vida diaria. Así como aprendimos a manejar un celular, también necesitamos aprender a **actualizarnos emocional y mentalmente** frente a los cambios que la sociedad vive, particularmente en el ámbito sexual.

Los paradigmas sexuales han cambiado. En décadas pasadas, una mujer que no llegara virgen al matrimonio o que se convirtiera en madre soltera era duramente señalada, juzgada y, en muchos casos, rechazada incluso por su propia familia. Hay testimonios de mujeres adultas mayores que cuentan que cuando una compañera del colegio salía embarazada, simplemente "desaparecía". Sus padres la enviaban a otra ciudad o la escondían en casa de alguna tía para evitar la "vergüenza" pública. Esas historias nos revelan cómo se asociaba la sexualidad femenina con la culpa, el castigo y el silencio.

Hoy en día, esa visión ha cambiado. La virginidad ya no es vista como una condición imprescindible para el matrimonio. Muchas mujeres optan por terminar una carrera, trabajar, ser independientes económicamente y decidir si quieren o no casarse, sin sentir que su valor está definido por su vida sexual.

Hace un tiempo, una joven de aproximadamente 23 años relataba cómo para sus padres —de formación rígida y religiosa— la virginidad era una exigencia absoluta. Ella misma había crecido convencida de que debía llegar virgen al matrimonio, pero se enamoró profundamente de un joven que no compartía ese ideal. Decidieron tener relaciones sexuales antes de casarse, y por azares del destino, sus padres se enteraron. El padre, entre lágrimas, dijo que ahora "nadie la querría". La madre, decepcionada, le aseguró que jamás se casaría.

La joven se sintió profundamente dolida. Pero un día despertó. Se dio cuenta de que, aunque ya no cumplía con sus expectativas, **ella seguía siendo la misma mujer de siempre**, y aún más fuerte. Estaba por terminar su carrera, trabajaba en una empresa reconocida, acababa de comprar su auto y estaba por adquirir una casa. Fue entonces cuando, con dignidad y claridad, enfrentó a sus padres:

—Ustedes piensan que ya no valgo nada porque ya no soy

virgen… pero ¿saben qué? Ahora valgo más, porque el conocer me ha mostrado lo que quiero para mi vida. Ustedes pueden lamentarse todo lo que quieran, pero yo seguiré adelante, construyendo mi propio camino.

Con el paso del tiempo, esta joven conoció al amor de su vida. Un hombre que **no estaba enfocado en su pasado, sino en su esencia**, en todo lo que ella era y representaba. Se enamoraron profundamente y ahora están por casarse, demostrando que los tabúes sexuales sólo existen en la mente de quienes deciden creerlos.

Esta historia no busca promover un modelo único ni decir que "todo vale". No se trata de permitir todo ni de soltar las riendas de la crianza, sino de **reconocer el mundo en el que nuestros hijos viven**. Hoy, más que nunca, debemos educar con amor, verdad y conocimiento, sin miedo, sin vergüenza, sin represión… pero tampoco sin guía. Nuestra labor es acompañar con presencia y claridad, sabiendo que **los valores no se enseñan a gritos, se viven con coherencia**.

De igual manera, es necesario estar al tanto de lo que viven nuestros chicos actualmente para tomar medidas precautorias.

Hace tiempo en una escuela secundaria una chica resultó embarazada, cuando investigaron quien era el padre, no pudo saber quién era y relató un juego que practicaba con sus compañeros.

El juego se llama la ruleta o carrusel sexual y consiste en hacer una rueda desnudos y mientras toca la música caminan en círculos, cuando la música se detiene el joven que está detrás de la chica la penetra realizando varias embestidas pélvicas, luego la música continua, se sale y siguen girando para el otro lado, van perdiendo los chicos que eyaculan y gana el que eyacula al final.

Otro juego que también practican algunos adolescentes es el arcoíris o rainbow por su nombre en inglés, este juego consiste en que todas las chicas presentes se pintan los labios de distintos colores y van besando los penes de los chicos hasta que le marcan un arcoíris, al igual que el anterior, pierde el chico que eyacule primero.

Estos son sólo algunas cosas que suceden actualmente referentes a este tema, es por eso, necesario, mantenernos a la vanguardia con información para poder enseñar y entrenar a nuestros hijos ante lo que se enfrentan, debemos estar atentos a las actitudes, amistades, costumbres y perspectivas sociales sobre este asunto para así darles herramientas en casa para que puedan protegerse.

Prevención

Hace algunos años, a los hijos —especialmente a las niñas— se les enseñaba a cuidarse de los abusadores o violadores en la calle. Se les advertía que, si un hombre desconocido les hablaba, debían huir y pedir ayuda. Sin embargo, hoy en día se ha comprobado que

la mayoría de los abusos sexuales y violaciones a menores de edad ocurren dentro del círculo familiar, en el hogar… ese lugar donde nuestros hijos deberían sentirse protegidos y cuidados.
Lo más desafortunado de todo esto es que, muchas veces, **nadie se da cuenta.**

Es fundamental comenzar por **distinguir la diferencia entre una violación y un abuso sexual**. Según el Código Penal mexicano, se considera violación cuando hay penetración, ya sea vaginal, anal u oral. Por otro lado, se entiende por abuso sexual aquellos actos en los que **no hay penetración**, pero sí hay tocamientos, acoso, exposición a pornografía o a presenciar actos sexuales.

Por ejemplo, si un niño pequeño de siete años se sienta con su madre a ver la telenovela de las cuatro —en la que aparecen escenas cargadas de connotaciones sexuales—, se podría considerar que **está siendo víctima de abuso sexual**, aunque los padres no sean conscientes de ello.

En una ocasión, durante una charla sobre educación sexual impartida a alumnos de cuarto y quinto de primaria, se pidió a los niños que escribieran sus dudas de forma anónima en una hoja. La mayoría de las preguntas estaban relacionadas con escenas de telenovelas. Una niña escribió:

—Yo quiero saber qué sucede en la telenovela cuando se acuestan los dos en la cama, se besan y luego se tapan hasta arriba.

Otra pregunta decía:

—¿Por qué en la telenovela una mala podía tener relaciones sexuales con todos y no se enfermaba ni le pasaba nada?

Y una más decía:

—Quiero saber si te pueden obligar a tener relaciones con tu amigo, como lo vi en la telenovela.

Estas preguntas nos muestran claramente **el impacto que tiene exponer a nuestros hijos a escenas sexuales que no están preparados para entender**. Aunque no lo parezca, eso **también es una forma de abuso**, no porque seamos malos padres, sino porque no siempre dimensionamos los contenidos que ellos están recibiendo.

Pero la exposición a contenido inadecuado **ya no sólo viene de la televisión**. Hoy, con el acceso a celulares, tabletas y redes sociales como **TikTok, Instagram o YouTube**, muchos niños y adolescentes **consumen información falsa, distorsionada o hipersexualizada sin filtros**. Lo hacen por curiosidad, por presión social o simplemente por error, pero **lo que ven y escuchan los forma y los confunde**.

Niños de 9 o 10 años pueden acceder a **videos pornográficos** con solo escribir una palabra en un buscador. Algunos creen que lo que ven en esos videos es "normal" o "esperado" en una relación. Otros reciben información en redes sociales que **banaliza el sexo, glorifica la infidelidad, romantiza la sumisión o distorsiona completamente el consentimiento.**

Esto puede llevar a consecuencias serias: desde **conductas sexuales anticipadas, ansiedad, adicciones al porno, hasta relaciones afectivas desinformadas, carentes de respeto y autoestima.** Por eso, **no basta con cuidar lo que ven en la televisión**; debemos **supervisar también sus redes sociales, hablar abiertamente con ellos sobre lo que consumen y enseñarles a filtrar la información.** Así como les decimos que no deben hablar con extraños en la calle, debemos enseñarles a no creer todo lo que ven en TikTok.

Esto no significa que tengamos que prohibir todo o vivir en el miedo. Significa que **debemos ser padres presentes, informados y disponibles**, capaces de acompañarlos en un mundo que ofrece mucha libertad, pero también mucha confusión. A veces culpamos a los amigos, vecinos o hermanos mayores por la precocidad con la que se comportan los niños, y no nos damos cuenta de que **somos nosotros quienes los exponemos desde casa, por omisión o por descuido.**

7 claves esenciales para proteger la sexualidad y el bienestar de tus hijos

1. Las cosas por su nombre

Para proteger a nuestros hijos debemos empezar por algo tan básico como poderoso: **nombrar las partes del cuerpo por su nombre real**. Los genitales masculinos se llaman *pene* y *testículos*, y los femeninos *vagina* y *vulva*. No necesitan apodos ni diminutivos. Decir "cosita", "pajarito", "pirulí", "capullito" o "la parte de abajo" genera confusión, resta seriedad al tema y limita la capacidad del niño para comunicar si algo no está bien.

Cuando un niño sabe cómo se llama cada parte de su cuerpo, **puede identificar, expresar y proteger su integridad**. No se trata de sexualizar su lenguaje, sino de enseñarle que todo su cuerpo tiene valor y merece respeto. Llamar a las cosas por su nombre elimina el tabú y abre las puertas a una comunicación más clara, segura y respetuosa.

Contar con un lenguaje claro también puede ser clave para detectar y prevenir un abuso. Hay casos reales donde los niños intentaron comunicar lo que les ocurría, pero **el uso de eufemismos impidió que los adultos entendieran la gravedad de lo que estaban diciendo**. Nombrar es poder. Y darles ese poder a nuestros hjos es el primer paso para protegerlos.

Hace tiempo se conoció el caso de un abuelo que abusaba sexualmente de su nieto de cuatro años, cuando el niño relataba los hechos, con esa inocencia y transparencia que los caracteriza, decía que su abuelo tenía un payaso en medio de las piernas y siempre quería que jugaran con él, pero al niño no le gustaba. Cuando la madre se enteró de esto comentaba entre sollozos que a veces le preguntaba al niño a qué había jugado con su abuelo y le contestaba que al payaso. Ella nunca se imaginó de lo que se trataba, y el niño, al no tener claridad del nombre de las partes del cuerpo, no sabía que ese payaso en realidad era un pene.

2. Empodéralo de su cuerpo

Uno de los actos más poderosos que podemos hacer como padres es **enseñar a nuestros hijos que su cuerpo les pertenece**. Debemos empezar por respetarlo nosotros mismos, evitando tocarlo de forma inapropiada incluso como "juego". Existen **cuatro zonas privadas** que nadie debe tocar: **los labios, los pechos, los genitales y las nalgas**. Esta enseñanza debe repetirse con la misma constancia con la que les recordamos lavarse las manos antes de comer.

Explícale que si alguien intenta tocar esas partes de su cuerpo, o le pide que toque esas mismas zonas en otra persona, **tiene todo el derecho de decir NO, salir de ahí y buscar ayuda de inmediato**. El mensaje debe ser claro: "Tu cuerpo es tuyo, y nadie tiene derecho a tocarlo sin tu consentimiento".

Recuerdo que en una sesión con niños de preescolar, donde se abordó este tema mediante el juego, una pequeña se acercó al final y dijo con absoluta claridad:

–Ahora sé que nadie debe darme besos en los labios. Cuando llegue a casa le diré a mi abuelo que deje de darme besos en la boca, porque yo no puedo ser su novia. Estoy chiquita y eso no se debe hacer.

Esta niña entendió el mensaje viniendo de un extraño. **¿Te imaginas el poder que tendríamos si fuéramos nosotros, sus padres, quienes sostenemos ese mensaje todos los días?** Educar desde el amor es darles las herramientas para defenderse, sin miedo y con confianza. Ellos escuchan más de lo que parece. Pero necesitan que lo repitamos con firmeza, ternura y continuidad.

3. Conoce a quién le permites acercarse a tus hijos

Cuando pensamos en un abusador sexual de menores, solemos imaginar a un hombre sombrío, escondido en un parque, esperando el momento para hacer daño. Pero la realidad es mucho más inquietante: **la mayoría de los abusadores no se ven como tales**. Se disfrazan de gente amable, de "tíos" confiables, de amigos atentos, de figuras protectoras que siempre están disponibles para cuidar a tu hijo "cuando lo necesites".

Muchos abusadores de menores llevan **una doble vida**: una ante la sociedad, donde parecen impecables, solidarios, hasta entrañables; y otra en la sombra, donde abusan de la confianza de quienes más los aprecian. Por eso, no basta con que alguien sea "buena gente" o parezca servicial; **la protección de tus hijos requiere de una vigilancia consciente, crítica y sin ingenuidad.**

Piénsalo así: si tuvieras dos diamantes de sangre valorados en millones de dólares, **¿los dejarías encargados al vecino sólo porque te cae bien?** Por supuesto que no. Los guardarías en una caja de seguridad del banco y solo los moverías con absoluta certeza de que estarán en manos confiables.

Tus hijos son mucho más valiosos que cualquier diamante. No puedes confiarlos a cualquiera, por más cercano que parezca.

La protección empieza por saber **quién entra a tu hogar, quién cuida a tus hijos, quién les habla, quién se gana su confianza y la tuya.** Ser padre o madre implica asumir ese filtro con responsabilidad y sin miedo al qué dirán. Porque la vida de tu hijo vale más que cualquier incomodidad social.

4.- Créeles y apóyalos.

Cuando un niño es víctima de abuso sexual, el abusador generalmente lo amenaza y lo convence de que no diga nada. Muchas veces los niños no entienden lo que está pasando porque aún no tienen una conciencia sexual madura, sólo sienten que algo no está bien y lo manifiestan de otras maneras. El estrés en el que se sumerge un niño abusado es muy grande, cuando se atreven a hablar es porque están verdaderamente desesperados. Una vez una mujer preguntaba qué hacer porque su hijo de 8 años le confesó que su tío, hermano de la madre, había abusado de él y lo había violado. El niño le relató todo lo que sucedió, que se encerraron en la recamara, cómo le quitó el pantalón y le bajó los calzoncillos, le dijo que le había dolido mucho y se sentía muy triste por lo que había pasado. La reacción de la madre era de duda ante lo que su hijo le manifestaba, decía que no lo podía creer, que tal vez el niño lo estaba inventando. Le preguntamos a la madre si el niño era fantasioso y si estaba expuesto a pornografía o a este tipo de escenas de manera que pudiera inventarse todos los hechos.

En ese momento la madre se soltó llorando, entendió que un niño tan pequeño no podía estar inventando el dolor que se percibía en sus ojos. En algunas ocasiones, podemos negarnos a creerles a nuestros hijos por el dolor que nos causa la terrible realidad. Sin embargo, si nosotros, los padres, no le creemos a nuestros hijos, ¿quién lo hará? Difícilmente un pequeñito de cuatro años podrá acudir al ministerio público a poner una denuncia, no, él se encuentra completamente indefenso, es por eso que nos corresponde a los padres protegerlo ante esta situación.

5. Atento a las señales

Como mencionamos antes, los niños muchas veces **no saben que están siendo víctimas de abuso sexual**. Su conciencia aún no logra asimilar lo que está pasando. A veces no pueden hablarlo porque han sido amenazados. Otras veces, simplemente, **no comprenden lo que les ocurre**. Sin embargo, el cuerpo y el comportamiento **hablan por ellos**.

Existen señales que nos pueden alertar. Se presentan cambios notables de ánimo y conducta. Los niños no se deprimen como los adultos, no se quedan acostados en la cama llorando todo el día; **su energía se los impide**. En su lugar, se muestran irritables, enojados, agresivos. Si antes hablaban mucho, de pronto se vuelven callados. Si eran reservados, tal vez empiecen a hablar demasiado. Pueden llorar sin motivo aparente, o molestarse por cosas que antes no les afectaban. Pierden interés en actividades que antes les entusiasmaban.

A simple vista, **parecen comportarse "mal"**, y es común que los padres reaccionen con regaños o castigos, creyendo que se trata de berrinches o actitudes sin importancia. Pero estos cambios son señales de alarma. Si los notamos, **debemos acercarnos con tranquilidad, sin juicio, sin enojo**, y con el corazón dispuesto a escuchar. Hay que preguntarles con suavidad qué sienten, qué les pasa, qué necesitan.

Si el niño decide contarnos algo doloroso, debemos **escucharlo con el alma**, sin gestos que lo incomoden ni reacciones exageradas que lo hagan retroceder. Tenemos que asegurarle que **no es su culpa**, que no ha hecho nada malo, y que nadie lo volverá a dañar. Hay que proteger su confianza y reforzarle que no está solo.

Enseguida, hay que **buscar ayuda terapéutica profesional** para acompañarlo emocionalmente, y asesoría legal para protegerlo físicamente. Sabemos que este es un tema que duele solo de imaginarse, uno del que todos quisiéramos escapar, pero **mirar hacia otro lado no lo hace desaparecer**.

Nuestros hijos nos necesitan despiertos, atentos, y preparados.

6. Comunicación abierta

El principal factor de protección para nuestros hijos es la **comunicación sincera y constante**. Hablar con ellos, permitirles expresar sus pensamientos y dudas sobre su sexualidad, sin miedo ni censura, **es uno de los mayores escudos que podemos ofrecerles**. Cuando el hogar se convierte en un espacio seguro para conversar, **ellos se sienten escuchados, valorados y orientados**.

Muchas veces pensamos que los niños no tienen inquietudes sexuales, o que es demasiado pronto para hablar del tema. Pero **la sexualidad se construye desde que nacen**, y cada etapa de la vida trae nuevas preguntas, nuevas sensaciones y nuevas necesidades. Si nosotros no estamos ahí para acompañarlos con claridad, alguien más ocupará ese lugar... y no siempre será la mejor fuente.

Por eso, **mantener abiertos los canales de comunicación** es esencial. No se trata solo de responder cuando pregunten, sino de **sembrar confianza todos los días**, con conversaciones simples, con ejemplos cotidianos, con preguntas que los inviten a pensar y reflexionar. Debemos escuchar sin juzgar, explicar sin miedo y hablar con naturalidad.

Cada edad tiene su forma, su lenguaje y su momento para abordar la sexualidad. Lo importante es **no dejar pasar las oportunidades**, y no esperar a que sea demasiado tarde. El hogar es el lugar más valioso para aprender sobre la vida, y la sexualidad **es parte fundamental de ella**.

La información que les demos debe ser **clara, certera y enfocada en su bienestar**. No para asustarlos, sino para prepararlos. No para limitar su crecimiento, sino para fortalecerlo.

Hablar es amar. Escuchar es proteger. Comunicar es cuidar.

7. Edúcate y actualízate tú también

Para proteger a nuestros hijos, **no basta con hablarles: tenemos que formarnos nosotros también**. La educación sexual no es un tema que se limita a la infancia o a la escuela; es una construcción constante que exige a los padres **estar informados, actualizados y emocionalmente preparados**.

Vivimos en una época donde los niños están expuestos a una

enorme cantidad de información —y desinformación— a través de redes sociales, plataformas como TikTok, YouTube o videojuegos. Si nosotros, como adultos, no nos actualizamos, corremos el riesgo de **quedarnos atrás** y dejar que ellos crezcan sin una guía sólida.

Por eso, te invito a que:

- **Leas libros actuales sobre educación sexual infantil y adolescencia.**
- **Busques conferencias, podcasts o charlas confiables** sobre cómo abordar estos temas con tus hijos.
- **Te acerques a especialistas**, como psicólogos o educadores, que puedan ayudarte a aclarar tus propias dudas.
- **Revises tus creencias y prejuicios**, para no transmitir miedos o tabúes innecesarios.
- **Aprendas sobre las tendencias y riesgos actuales** (como retos virales, juegos sexuales, grooming o sexting) para poder prevenirlos de forma efectiva.

Además, puedes **crear hábitos familiares de diálogo y reflexión**: ver juntos alguna serie o película que aborde estos temas, y luego comentarla; leer noticias y discutirlas; o incluso tener una "noche de preguntas sin juicios", donde cada quien puede expresar sus dudas con libertad.

Educarte es proteger. Cuando tú te fortaleces, ellos se sienten más seguros

Puntos a considerar

- La sexualidad es parte inherente al ser humano y se desarrolla desde que nacemos.

- Está compuesta por distintos aspectos: sexo biológico, sexo de asignación, identidad sexual, rol sexual y acto sexual.

- La educación sexual no comienza con una plática sobre genitales, sino con el amor, el respeto y la confianza que brindamos desde la cuna.

- Los padres somos los principales responsables de educar en sexualidad; no podemos delegarlo completamente a maestros, medios de comunicación ni a la experiencia fortuita.

- Informarnos es proteger. Educar es prevenir. Amar es acompañar.

- Nuestros hijos no necesitan padres perfectos, sino presentes y conscientes.

- La información oportuna y adaptada a su etapa de desarrollo puede salvar vidas, preservar su autoestima y fortalecer su identidad.

- Hablar de sexualidad también es hablar de dignidad, de

libertad, de límites y de amor propio.

- No hay mejor escudo contra el abuso que un niño que sabe nombrar su cuerpo, reconocer el peligro y saber que en casa siempre será escuchado.

Actividades para fortalecer la educación sexual en casa

1. **Explora su mundo con preguntas abiertas**

   o Pregunta con naturalidad: "¿Qué sabes de…?" "¿Alguna vez te han contado sobre…?" Escúchalo sin interrumpir ni juzgar. La curiosidad de tu hijo no es rebeldía, es inteligencia en crecimiento.

2. **Dibujen juntos el cuerpo humano**

   o Según su edad, invítalo a dibujar el cuerpo y a nombrar sus partes correctamente. Aprovecha para explicar el respeto al cuerpo propio y ajeno.

3. **Cuentos y libros con enfoque respetuoso**

   o Usa libros adecuados para su edad que hablen sobre los cambios del cuerpo, las emociones, los límites y el consentimiento. Léelos con él y reflexionen juntos.

4. **Establezcan juntos las reglas del contacto físico**

o Pregúntale cómo le gusta que lo abracen o si se siente cómodo saludando con beso o abrazo. Enséñale a decir "no" y valida su incomodidad.

5. **Hagan juntos una "Caja de las preguntas"**

o Pon una cajita o frasco en casa donde puedan depositar dudas anónimas. Cada semana, abran una y hablen de ella con respeto y apertura.

6. **Revisen juntos la privacidad digital**

o Conversen sobre lo que ve en redes, TikTok o YouTube. Revísenlo juntos y enséñale a reconocer lo sano y lo riesgoso en el entorno digital.

7. **Fortalezcan el canal de confianza**

o Antes de dormir, ten una charla breve. Pregunta: "¿Cómo te sentiste hoy?", "¿Algo te incomodó?", "¿Hay algo que no entendiste?" A veces, el corazón se abre en el silencio de la noche.

Hablar de sexualidad no rompe la inocencia, la protege. Callar no evita el peligro, lo esconde. Que este capítulo no se quede en palabras bonitas, sino que se transforme en decisiones diarias, en conversaciones reales y en vínculos fortalecidos.

Porque educar en sexualidad no es solo hablar de sexo. Es hablar de amor, de respeto, de identidad, de libertad… y de cómo enseñarles a nuestros hijos que su cuerpo, su voz y su dignidad, no se negocian.

Y tú, ¿ya hablaste con tus hijos hoy?

Porque cuando el silencio educa… el miedo manda.

Pero cuando el amor habla… el alma se protege.

Epílogo –
La familia que crees... sigue creándose

Hay palabras que nacen del alma y se siembran en el corazón como semillas. Así fue este libro. Una semilla escrita con verdad, con tropiezos, con historias reales, con heridas que dolieron... y con abrazos que curaron. Pero sobre todo, escrita con esperanza.

Si llegaste hasta aquí, ya no eres la misma persona que comenzó estas páginas. Hoy tienes herramientas nuevas, más conciencia, preguntas valientes y algunas respuestas antiguas que quizás necesitaban revisión. Descubriste que no existen padres ni madres perfectos, pero sí corazones dispuestos. Que no hay recetas mágicas, pero sí caminos posibles. Y que la familia no se hereda: se elige, se construye, se crea día a día con amor, presencia, límites, valores... y un corazón abierto a sanar.

Educar no es imponer, es acompañar. Amar no es controlar, es liberar. Y criar no es formar soldados obedientes, sino seres humanos libres, con raíces fuertes y alas grandes.

Este libro no termina en esta página. Termina —y a la vez comienza— en cada abrazo que des con intención, en cada "perdóname" que pronuncies con el alma, en cada decisión que tomes para transformar tu historia familiar.

¿Y ahora qué sigue?

Sigue vivir.

Seguirás equivocándote, pero ahora sabrás cómo volver a empezar con más conciencia. Seguirás amando, pero ahora con más herramientas. Seguirás criando, pero ahora acompañada, más fuerte, más despierta.

Recuerda que ser madre o padre no se trata de perfección, sino de presencia. No se trata de que tus hijos tengan una infancia perfecta, sino de que tú seas su lugar seguro.

Yo estoy contigo. En cada palabra que leíste, en cada lágrima que soltaste, en cada sonrisa que te nació al recordar tu propia infancia… ahí estoy yo, abrazándote con la certeza de que todo lo que se hace desde el amor, tiene sentido.

Gracias por permitirme caminar contigo.

Con cariño profundo,

Lucía Barrios

Referencias

1.- Álvarez-Gayou, J. (2011). *Sexoterapia integral.* México: Manual moderno.

2.- Barreiro, J. (2009). La escuela para padres, un testimonio de modelo de éxito. *Revista Panamericana de Pedagogía* 12 (1) pp. 68 Recuperado de http://www.quadernsdigitals.net/index.php?accionMenu=hemeroteca.VisualizaArticuloIU.visualiza&articulo_id=8702

3.- Benson, E. (1990). *Las madres que aman demasiado.* México: Libra.

4.- Bernal, A., Gualandi, M. (2009). Autoridad, familia y educación. *Revista española de pedagogía*, (244) pp. 511-528.

5.- Brenifer, O. (2006). *¿Qué son los sentimientos?* México: Planeta Mexicana.

6.- Chavez, M. (2011) *Hijos Invisibles.* México: Grijalbo.

7.- Chavez, M. (2004) Te *voy a contar una historia, la mía y la de mi hijo, cuando fue atrapado por las drogas.* México: Grijalbo.

8.- Chavez, M. (2004) Tu hijo, tu espejo. México: Grijalbo.

9.- Chuquimia, L. (7 de noviembre de2015). Adultos vuelven a la escuela para ser los mejores padres. *Diario Nacional Independiente Página Siete* Recuperado de:

http://www.paginasiete.bo/sociedad/2015/11/7/adultos-vuelven-escuela-para-mejores-padres-76115.html

10.- Cloninger, S., (2003). *Teorías de la personalidad.* México: Pearson.

11.- Colom, A., Lluís, J., Domínguez, E., Sarramona, J., (2008). *Teorías e instituciones contemporáneas de la educación.* España: Ariel.

12.- Cunningham, C., Davis, H., (1999). *Trabajar con los padres, marcos de colaboración.* España: Siglo veintiuno.

13.- Divinki, J., (2009). *Normas que funcionan. Los pasos básicos y efectivos.* España: Medici.

14.- Dobson, J. (1993). Criemos niños seguros de sí mismos. Estados Unidos: Betania.

15.- Eguiluz, L. (2003). *Dinámica de la familia: un enfoque psicológico sistémico.* México: Pax.

16.- Esteinou, R., (2008). La *familia nuclear en México: lecturas de su modernidad siglos XVI al XX.* México: Porrúa.

17.- Exódo 20:12. Biblia Cristiana.

18.- Fadiman, J., Frager, R. (1979). *Teorías de la personalidad.* México: Harla.

19.- Feldman R. (2010) *Psicología con aplicaciones en países de habla hispana.* México: Mc Graw Hill

20.- Fondo de las Naciones Unidas para Infancia (UNICEF) (2002|.) *La violencia domestica contra mujeres y niñas.* (6) p.9. Recuperado de http://www.unicef-irc.org/publications/pdf/digest6s.pdf

21.- Fondo de las Naciones Unidas para la Infancia (UNICEF) (2006). *Extracto del informe nacional sobre violencia y salud.* (2) pp.27-36. Recuperado de http://www.unicef.org/mexico/spanish/Informe_Nacional-capitulo_II_y_III%281%29.pdf

22.- Galvis, L. (2002). *La familia. Una prioridad olvidada.* Bogotá: Aurora.

23.- Germain, S. (2012) *El libro de oro.* México: Prana

24.- Goleman, D. (2007). *La inteligencia emocional. Por qué es más importante que el cociente intelectual.* México: Vergara.

25.- Gómez, A. (2008). *¿Mujer o madre?* México: Asociación mexicana de alternativas en psicología (AMAPSI). Recuperado de http://www.amapsi.org/portal/index2.php?option=com_content&do_pdf=1&id=156

26.- Gottman, J., DeClaire, J. (2003) *Guia del amor y la amistad.* España: Kairos.

27.- Gracia, F., Musitu, G. (2000). *Psicología social de la familia.* España: Paidos.

28.- Grados, J. (2012). *Capacitación y desarrollo de personal.* México: Trillas.

29.- Hormachea, D. (2005). *Sexualidad con propósito.* Estados Unidos: Betania.

30.- Instituto Nacional de Antropología e Historia. (1991). *Familia y poder en nueva España.* México: INAH

31.- Instituto Nacional de Estadística y Geografía (2015). Mujeres violentadas por su pareja en México. pp. 56-58. Recuperado de http://www.inegi.org.mx/prod_serv/contenidos/espanol/bvinegi/productos/estudios/sociodemografico/mujeresrural/muj_viol.pdf

32.- Kassin, S., Fein, S., Rose, H. (2010) *Psicología social.* México: Cengage Learning

33.- Latapí, P. (1991). *Educación y escuela, lecturas básicas para investigadores de la educación. I. La educación formal.* México: Patria.

34.- Mantecón, G. (2011). *La magia de la vida está en ti.* México: Quarzo.

35.- Martin-Quintana, J., Máiquez, M., Rodrigo, J. (2009). *Programas de educación parental.* Colegio Oficial de Psicólogos de Madrid. 18 (2), pp. 121-133. Recuperado de http://scielo.isciii.es/pdf/inter/v18n2/v18n2a04.pdf

36.- Marulanda, A. (2010). *De la culpa… a la calma*. México: Alfaomega.

37.- Morant, I., Bolufer, M. (1998). *Amor, matrimonio y familia*. Madrid: Síntesis.

38.- Navarro, R. (1999). *Las emociones en el cuerpo*. México: Pax

39.- Orr, W., (1998) *Los niños pueden aprender a obedecer*. México: Las Américas.

40.- Papalia, D., Wendkos, S., Duskin, R. (2009). *Desarrollo humano*. México: Mc Graw Hill.

41.- Ramírez, M. (2005). *Padres y desarrollo de los hijos: practicas de crianza*. España: Universidad de Granada. pp. 177. Recuperado de: http://www.scielo.cl/scielo.php?pid=s0718-07052005000200011&script=sci_arttext

42.- Río Del, A. (2002). *Reflexiones sobre familia y educación*. Chile: Universidad Católica del Maule.

43.- Satir, V. (2002a). *Nuevas relaciones humanas en el núcleo familiar*. México: Pax.

44.- Satir, V. (2002b). *Terapia familiar paso a paso*. México: Pax

45.- Smalley, G. (1984). La llave al corazón de tu hijo. Estados Unidos: Betania.

46.- Trismegisto, H. (2010) *El kibalión*. México: Editores

mexicanos unidos, S. A.

47.- Universidad de Padres. (16 de abril de 2015). *Universidad de Padres* Recuperado de http://universidaddepadres.es/

48.- Valenzuela, J., Salles, V. (1998). *Vida familiar y cultura contemporánea.* México: Consejo Nacional para la Cultura y las Artes de México. (CONACULTA).

49.- Vergara, C. (2002). *Creencias relacionadas con las prácticas de crianza de los hijos/as.* Tesis de maestría. Recuperada de http://digeset.ucol.mx/tesis_posgrado/Pdf/Claudia%20Berenice%20Vergara%20Hernandez.pdf

50.- Vilaseca, B. (2014). *La educación exige emociones.* El país semanal. (14 de diciembre de 2014). Recuperado de http://elpais.com/elpais/2014/12/12/eps/1418401341_900515.html?id_externo_rsoc=FB_+CM

51.- Wainerman, C. (2002). *Familia, trabajo y género.* Un mundo de nuevas relaciones. Argentina: Fondo de las Naciones Unidas para la Infancia, (UNICEF).

BOUT THE AUTHOR

LUCIA BARRIOS

Insert author bio text here. Insert author bio text here

www.ingramcontent.com/pod-product-compliance
Lightning Source LLC
LaVergne TN
LVHW081323110826
845149LV00007B/1575

* 9 7 8 1 9 7 2 1 8 9 0 1 6 *